IAL

> Liebe Leserin, lieber Leser,

Berlin ist eine riesige Wundertüte: Partystadt Nummer Eins in Europa, Hauptstadt, Museen-Mekka und vor allem – Schnäppchen-Stadt! Hier können Sie mit wenig Geld erstaunlich viel erleben. Ob ein Kaffee für 1 Euro, die Übernachtung für 17 Euro oder der Mann mit dem Goldhelm (Gemäldegalerie) für lau – bei einem Aufenthalt in Berlin bleibt immer genügend übrig, um entweder noch ein bisschen länger zu bleiben als geplant, oder mit vollem Portemonnaie wieder nach Hause zu fahren. Wo Sightseeing besonders günstig ist und wie Sie etwa lecker essen gehen, ohne dabei arm zu werden, haben wir auf den folgenden Seiten für Sie recherchiert. Madame Tussauds statt 19,50 Euro für nur 9 Euro Eintritt? Oder ein Berliner Pilsener für 1,50 Euro pro Glas (0,5 l)? Über 250 Adressen laden zum schlauen Sparen ein! Entdecken Sie im Marco Polo Low Budget die cleversten Angebote und gestalten Sie Ihren Aufenthalt so günstig wie möglich. Denn viel Geld ausgeben kann jeder – sparen ohne zu verzichten nicht.

Viel Spaß beim Entdecken!

wünscht Ihnen Ihr MARCO POLO-Team

SYMBOLE:

Insider Tipp **MARCO POLO INSIDER-TIPPS**
Von unserer Autorin für Sie entdeckt

KOSTENLOS
Hier zahlen Sie keinen Cent!

INHALT

CLEVER!
Sparfüchse aufgepasst! Mit diesen Tipps und Tricks können Sie zusätzlich Geld sparen oder etwas Besonderes erleben

LUXUS LOW BUDGET
Edles echt günstig! Ob Hotel-Suite, Gourmet-Lunch oder Designer-Outfit: Gehen Sie mit uns auf Schnäppchenjagd

TOP 10

> Staunen und sparen: Toll, was Sie alles in Berlin für wenig Geld entdecken und erleben können. Hier die besten Adressen unserer Autorin auf einen Blick

Insider Tipp **PHILHARMONIE** [149 E4]

Kostenlose Konzerte geben jeden Dienstagsmittag die Berliner Philharmoniker und andere hochkarätige Orchester in Berlins renommierter Konzerthalle in der Nähe vom Potsdamer Platz. Günstig sind auch Familienkonzerte einmal im Monat *(S. 26)*

Insider Tipp **DOWNSTAIRS IM FILMCAFÉ** [145 D2]

Sonntagabrunch mit Kinofilm für nur 9,90 Euro im kleinsten Programmkino weit und breit! Nachdem Sie Sekt und Lachs verfrühstückt haben, können Sie entspannt in die Kinosessel sinken. Gezeigt werden Highlights der letzten Jahre mit Tiefgang *(S. 27)*

Insider Tipp **HERTHA TRAINING** [160 C3]

Berlins Fussballmannschaft Nummer Eins zeigt mehrmals wöchentlich was Sie drauf hat beim öffentlichen Training. Während Arne Friedrichs und Co. sich die Hacken ablaufen, können Sie gemütlich vom Spielfeldrand zuschauen und der mit dem Abstieg kämpfenden Mannschaft Mut machen *(S. 39)*

Insider Tipp **ALTERNATIVE BERLIN** [150 C2]

Wo und wie leben eigentlich Berliner Kreative? Eine vier- bis fünfstündige Führung zu Streetart und -kultur führt Sie zu Künstlern und Szenevierteln der Stadt, u. a. nach Kreuzberg und Friedrichshain. Das kostet nur so viel, wie Sie spenden wollen *(S. 46)*

DIE BESTEN LOW BUDGET TIPPS

Insider Tipp **MARKTHALLE MARHEINEKEPLATZ** [158 B3]
Unter dem Dach der renovierten Markthalle sind jede Menge günstige Imbissstände vereint. Von der leckeren Erbsensuppe bis zum Biosteak haben Sie satte Auswahl. Schöne Terrasse *(S. 57)*

Insider Tipp **SCHMUCK´S RESTAURATION** [151 D3]
Hervorragende Backhendl und andere österreichische Spezialitäten essen Sie zum kleinen Preis mittags in der Kantine ganz in der Nähe vom Bärenzwinger *(S. 60)*

Insider Tipp **FLOHMARKT AM MAUERPARK** [144 B–C2–3]
Jeden Sonntag wie eine große Party: Berlins größter Flohmarkt lockt mit günstigem und buntem Angebot, Straßenmusikern und Strandbars rund ums Jahr *(S. 72)*

Insider Tipp **CLÄRCHENS BALLHAUS** [144 B5]
Tanzen, Tanzen, Tanzen: Wer im altehrwürdigen Ballsaal nicht ein Kribbeln in den Füßen verspürt, ist selber schuld. Noch dazu bei den lauen Preisen! Jeder Tag ist einem anderen Musikstil gewidmet *(S. 88)*

Insider Tipp **PFEFFERBETT** [144 C4]
So schick kann man selten in einer ehemaligen Brauerei übernachten. Dazu sind die Hostel-Preise mehr als korrekt, und die Doppelzimmer haben Hotelstandard *(S. 110)*

Insider Tipp **BONBONMACHEREI** [144 B5]
Mmmh, wie das duftet! Wer einmal zugeschaut hat, wie die kleinen, leckeren Drops entstehen, will gar nicht mehr weg und ist nicht nur vom Duft fasziniert. Zwischendurch gibts für große und kleine Zuschauer warme Bonbon-Kostproben *(S. 121)*

> Günstig mit Bahn, Bus oder Billigflieger nach Berlin: Willkommen in der Schnäppchen-Metropole

Viele staunen, wenn Sie nach Berlin kommen: Alles scheint viel günstiger zu sein als zu Hause! Dass die Stadt an der Spree nicht nur deutscher Regierungssitz, sondern auch Schnäppchen-Hauptstadt der Republik ist, hat sich mittlerweile herumgesprochen. Doch wo ist es eigentlich besonders günstig? Und vor allem: Wie kommt man möglichst preiswert hin? Auf den folgenden Seiten erhalten Sie jede Menge Tipps und Adressen, wie eine Reise nach Berlin auch mit schmalem Geldbeutel erschwinglich wird. Suchen Sie sich etwa Mitfahrer für eine Autofahrt (S. 7) und teilen Sie sich die Spritkosten, oder reisen Sie mit einem Sparticket der Bahn (S. 9). In jedem Fall gilt: Wer früh bucht oder sich um Mitreisende kümmert, gibt weniger Geld aus. Dann kostet die Anfahrt vielleicht nur 9 Euro, und Sie haben jede Menge übrig für Ihren Einkaufsbummel oder das aufregende Berliner Nachtleben. Wir wünschen gute Reise!

DIE ERSTE TAT

MIT DER RINGBAHN UMS ZENTRUM

Endlich da! Was gibt es jetzt besseres, als sich erstmal einen Überblick über die Stadt zu verschaffen. Steigen Sie zum Beispiel am Bahnhof Gesundbrunnen (Wedding) in die

START IN DIE STADT

Ringbahn S 41 oder S 42 und fahren Sie einmal um das Stadtzentrum herum (Fahrpreise S. 14). Unterwegs passieren Sie den Funkturm mit dem Messezentrum, die wilhelminischen Bauten des Weddings, den Volkspark Humboldthain mit seinem begrünten Flakbunker und die riesigen Plattenbausiedlungen Lichtenbergs. Innerhalb einer Stunde sehen Sie alle Facetten Berlins, vom Arbeiterbezirk Neukölln bis zu den Villen im Stadtteil Halensee. Wer mag, steigt unterwegs einfach mal aus und geht auf Erkundungstour, etwa im Treptower Park mit der Archenhold Sternwarte (S. 37) und dem Sowjetischen Ehrenmal oder an der Station Westend mit dem Schloss Charlottenburg (S. 17) in der Nähe. So lernen Sie Berlin auf einen Schlag kennen und die Berliner gleich mit. Denn natürlich fahren Sie nicht allein...

ANFAHRT

AUTO

Sie fahren gerne selber? Günstig nach Berlin kommen Autobesitzer, indem sie einfach jemanden mitnehmen. Wer jedoch seine Freunde oder Verwandte nicht zu einem Trip nach Berlin überreden kann, der muss keinesfalls alleine starten. Eine Mitfahrzentrale Ihres Vertrauens bietet Ihnen schnell und unkompliziert einen oder mehrere Mitfahrer. Das größte deutsche Onlineportal *www.mitfahrgelegenheit.de* bietet u. a. einen Handy-Service an, mit dem man sogar noch unterwegs nach Mitfahrern oder Mit-

Insider Tipp

Girokonto
1-2 5-16

fahrgelegenheiten suchen kann. Tipp: Auf den Internetseiten von *www.mitfahrgelegenheit.de* werden auch günstige Restplätze in Bussen der Berlinlinien-Busgesellschaft verkauft. Wichtig für Autofahrer: Die Berliner Innenstadt gilt als Umweltzone und darf nur mit Plakette befahren werden. Unter *www.berlin.de/labo/kfz/dienstleistungen/feinstaubplakette.php* können Sie diese online bestellen. Kosten: 6 Euro.

BAHN

Schnell und stündlich fährt die Deutsche Bahn Sie aus allen Teilen Deutschlands in die Hauptstadt. Wer früh bucht und werktags fährt, kann die besten Schnäppchen ergattern, z. B. eine Hin- und Rückfahrt mit dem ICE ab Frankfurt/Main für rund 65 Euro. Noch günstiger fahren Sie mit dem Schönen-Wochenend-Ticket, das allerdings nur in Nahverkehrszügen (langsam!) gültig ist. Für 37 Euro fahren samstags oder sonntags bis zu fünf Personen durch ganz Deutschland nach Berlin. Für eine Reise von München nach Berlin mit dem Schönen-Wochenend-Ticket brauchen Sie allerdings rund neun Stunden und müssen viermal umsteigen. In dieser Zeit kann man z. B. prima das Buch zu Ende lesen, das schon so lange auf den Nachtisch lag. Sie suchen noch Mitfahrer, damit die lange Fahrt mit der Bahn nicht so langweilig wird und die Reise dafür umso günstiger? Geben Sie z. B. unter *www.mitfahrgelegenheit.de* eine kostenlose Anzeige auf, mit der sie vier Weggefährten suchen. Eine Fahrt von Saarbrücken nach Berlin kostet Sie dann mit einem Schönen-Wochenend-Ticket pro Person nur ca. 7,50 Euro! Wer keinen ganz so weiten Anfahrtsweg hat, kann auch innerhalb der Woche mit Ländertickets günstig nach Berlin gelangen. Mit einem Sachsenticket (28 Euro) und einem Brandenburg-Ticket (27 Euro) können bis zu fünf Personen z. B. von Dresden nach Berlin fahren. Schon gewusst? Kinder unter 14 Jahren fahren bei der Bahn kostenlos mit in Begleitung ihrer Eltern oder Großeltern. Achten Sie auch auf günstige DB-Aktionsfahrscheine, die Supermärkte anbieten. Wichtig: Tickets sind am Automaten (Bahnhof) oder im Internet günstiger als am Fahrkartenschalter oder über die Buchung per Telefon! *Tel. 0180/599 66 33 (14 Ct. aus dem dt. Festnetz), www.bahn.de*

Bild: größter Kreuzungsbahnhof Europas – der Berliner Hauptbahnhof

BUS

Billiger gehts nicht: Eine Fahrt mit dem Linienbus nach Berlin gibt es schon ab 9 Euro! In komfortablen Reisebussen der Berlinlinien-Busgesellschaft (*www.berlinlinienbus.de*) fahren Sie zum Beispiel ab Kassel in rund fünf Stunden nach Berlin. Das ist zwar nur halb so schnell wie mit dem ICE, dafür aber supergünstig, und man kommt dank Chauffeur und Bordservice (Kaffee!) entspannt an. Insider Tipp Tipp: Billige Restplätze in Linienbussen werden im Internet unter *www.mitfahrgelegenheit.de* angeboten, z.B. Kopenhagen–Berlin für 19 Euro! Auch regionale Busgesellschaften bieten sehr preiswerte Berlinfahrten in Kombination mit einem Hotelaufenthalt an. Häufig befinden sich diese Hotels allerdings am Stadtrand oder in weniger attraktiven Lagen. Achten Sie auf die Angebote in Ihrer Tages- oder Wochenzeitung.

FLÜGE

Sparfüchse wissen: Wer früh bucht, zahlt weniger. Aktionsangebote der Billigflug-Anbieter (z.B. *www.airberlin.de, www.easyjet.de, www.germanwings.de*) unterbieten mitunter sogar die Bahnpreise. Hin- und Rückflüge gibt es schon ab 60 Euro. Unter *www.billigflieger.de* werden Berlinbesuchern die günstigsten Flüge aufgelistet. Generell gilt: Wenn Sie nicht in den Schulferienzeiten oder an einem verlängerten Wochenende fliegen, wird die Reise preiswerter. Und auch die Jahreszeit spielt eine Rolle: Im Winter sind Berlinflüge erschwinglicher als zur Hauptsaison von Mai bis September.

ANKUNFT

BAHNHÖFE

Modern und mittendrin: Der Berliner Hauptbahnhof neben dem Regierungsviertel ist Europas größter Kreuzungsbahnhof. Sämtliche Fernzüge laufen hier ein, zusätzlich halten die meisten ICEs und ICs am Ostbahnhof sowie an den Regionalbahnhöfen Südkreuz, Gesundbrunnen und Spandau. Eine automatische Fahrplanauskunft bekommen Sie unter der kostenlosen Telefonnummer: *Tel. 0800/150 70 90*. Vom Hauptbahnhof fahren mehrere Busse sowie S-Bahnen und die neue U-Bahnlinie 55 zu Ihrer Unterkunft. Eine Welcomecard (S. 11), mit der Sie u. a. günstig Bahn und Bus fahren können, erhalten Sie in der Touristinformation im Erdgeschoss. Wenn die Unterkunft in der Nähe ist und Sie zu mehreren reisen, lohnt sich auch eine Kurzstrecke mit dem Taxi (S. 15).

BUSBAHNHOF

Mit dem Bus angereist? Dann geht es jetzt bequem weiter. Der Zentrale Omnibusbahnhof (ZOB) liegt ca. 4 km vom Bahnhof Zoo im Westen Charlottenburgs neben dem Messegelände am Funkturm. Von dort aus gelangt man mit der U 2 (Kaiserdamm) sowie den S-Bahnlinien S 41, S 42, 45, 46 und 47 (Messe Nord/ICC) – umsteigen über Westkreuz! – oder dem Metrobus M 49 in zehn Minuten ins Zentrum. Fahrplanauskünfte und Buchungen unter *Tel. 301 03 80* und *www.zob-reisebuero.de*, weitere Informationen unter *www.berlinlinienbus.de*, *Tel. 301 03 80.*

FLUGHÄFEN

Bald gibt es nur noch einen: Der Flughafen Schönefeld (SXF) wird 2011 zum Hauptstadt-Airport BBI

CLEVER!

> *Rabattkarten bringen Sie günstig hin*

Wer mehrere Museen und Theater besuchen möchte und öfter in Bahnen und Busse steigt, spart mit der Citytourcard oder der Welcomecard: Für 15,90 Euro, bzw. 16,50 Euro (AB) können Sie 48 Stunden sämtliche öffentlichen Berliner Verkehrsmittel nutzen und Museen, Theater und Opern, günstiger besuchen. Für 72 Stunden kostet die Citytourcard (AB) 20,90 Euro, die Welcomecard (AB) 22 Euro. Familien sparen mit der Citytourcard, bzw. der Welcomcard ABC, die auch in Potsdam gilt. Ein Erwachsener kann bis zu drei Kinder gratis mitnehmen (48 Std. 17,90/18,50 Euro, 72 Std. 22,90/25 Euro). Mit der Citytourcard erhält man für ca. 50 Museen und Attraktionen Vergünstigungen. Bei der Welcomecard sind es rund 140 Sehenswürdigkeiten, die Rabatt geben. Die Karten erhalten Sie u. a. an Fahrscheinautomaten und online unter *www.visitberlin.de/welcomecard, www.citytourcard.com.*

(Berlin Brandenburg International) ausgebaut. Nach der Eröffnung des Hauptstadt-Airports soll auch der Flughafen Tegel (TXL) aufgegeben werden. Am günstigsten kommen Sie von beiden Flughäfen mit Bus und Bahn in die Innenstadt. Tickets gibt es an den Haltestellen. Wer Geld sparen möchte, besorgt sich im Flughafen Tegel beim Lufthansa-Citycenter gegenüber Gate 14 eine Welcomecard (S. 11) und kann sie gleich nutzen, um damit Bus und Bahn zu fahren. Mit den Bussen X9 und 109 gelangt man in ca. 20 Minuten direkt zum Zentrum West am Bahnhof Zoo. Zum Zentrum im Ostteil der Stadt am Alexanderplatz (über Unter den Linden) fährt in ca. einer halben Stunde der Expressbus TXL. Von Schönefeld aus fährt die S-Bahnlinie 9 ins Zentrum der Stadt, zum Alexanderplatz dauert die Fahrt etwa 35 Minuten, zum Bahnhof Zoo ca. 50. Schneller geht es mit dem Airport-Express, einem Regionalzug, der halbstündlich vom Flughafen abfährt. Eine Taxifahrt von Tegel zum Bahnhof Zoo kostet ca. 17 Euro, zum Alexanderplatz ca. 22 Euro. Vom Flughafen Schönfeld ins Zentrum fährt Sie ein Taxifahrer für ca. 25 bis 35 Euro. Vielleicht haben andere Reisende dasselbe Ziel wie Sie? Mit einer Fahrgemeinschaft kommen Sie bequemer und nur einen Tick teurer als mit dem öffentlichen Nahverkehr zur Ihrer Unterkunft.

CLEVER!

> Dos & Don'ts in Berlin

Einzelfahrscheine des öffentlichen Nahverkehrs sind zwar zwei Stunden lang gültig. Um gebrauchte Tickets, die angeblich noch nicht abgelaufen sind, sollten Sie dennoch einen großen Bogen machen! Zwar werden Sie von Händlern auf fast jedem Bahnhof angeboten, aber die Stempelung ist für Laien nicht durchschaubar. Werden Sie mit einem falschen Fahrschein erwischt, gilt das als Schwarzfahrt, und Sie sind 40 Euro los!

TOURISTINFORMATIONEN

Hier werden (fast) alle Ihre Fragen beantwortet:

Hauptbahnhof | tgl. 8–22 Uhr | Eingang Europa-Platz

Neues Kranzler Eck | Mo–Sa 10–20 | So 10–18 Uhr | Kurfürstendamm 21 | Passage

Alles drauf. Alles dran. Alles drin.
Berlin Tourismus
Berlin Welcome Card
Hier erhältlich:
• BERLIN infostores
• Ticketautomaten & -schalter
• Hotels & Pensionen
Das Touristenticket
Freie Fahrt + 150 Attraktionen.
BVG Berliner Verkehrsbetriebe
DB BAHN
S Bahn Berlin
www.berlin-welcomecard.de

Brandenburger Tor | tgl. 10–18 Uhr
Alexa Shopping Center | Mo–Sa 10–22 | So 11–15 Uhr | Grunerstr. 20 | Erdgeschoss
Informationen im Internet auf *www.visitberlin.de* und telefonisch unter *Tel. 25 00 25*. Informationen über Unterkünfte und Sightseeing finden Sie auch auf der offiziellen Webseite Berlins: *www.berlin.de.*

UNTERWEGS IN BERLIN

BAHN, BUS, TRAM

Am schnellsten und günstigsten kommen Sie in Berlin mit öffentlichen Verkehrsmitteln voran. U-Bahnen fahren werktags tagsüber fast auf allen Strecken im 5-Minutentakt, und sogar nachts passieren die Züge am Wochenende ca. alle zehn Minuten die U-Bahnhöfe der Innenstadt. Ein Einzelfahrschein kostet 2,10 Euro und ist zwei Stunden lang gültig, aber nur in eine Richtung! Eine Tageskarte kostet 6,10 Euro, eine Gruppenkarte für bis zu fünf Personen gibt es für 15 Euro. Wer mehrere Tage in der Stadt ist, sollte sich eine Welcomecard oder eine Citytourcard besorgen (S. 11).

Inside Tipp

Die günstigen Fahrräder von Next-Bike parken auch am Brandenburger Tor

FAHRRAD

Sie möchten Berlin ohne Bahn oder Bus erkunden? Am billigsten gehen Sie natürlich zu Fuß, aber wem das zu langsam ist, der leiht sich am besten ein Fahrrad, denn in die Pedale treten kann man in Berlin fast überall. Pro Tag kostet die Ausleihe zwischen 5 und 15 Euro. Billiger wird es, wenn Sie das Rad gleich mehrere Tage mieten. Am günstigsten bietet die Firma Next-Bike Leihfahrräder an. Für nur 1 Euro pro Stunde oder 5 Euro pro Tag können Sie an vielen Orten der Stadt auf ein werbefinanziertes Next-Bike steigen. Einfach ein Fahrrad aussuchen und mit Ihrem Mobiltelefon die Kundenhotline (*Tel. 69 20 50 46*) anrufen. Nachdem Sie das Nummernkennzeichen angegeben haben, wird ein Zahlencode per SMS auf Ihr Handy versendet. Damit können Sie das Schloss öffnen und losfahren. Eine Liste aller Fahrradverleihe finden Sie unter *www.adfc-berlin.de/service/fahrradverleih.html*

INTERNET

Surfen können Sie in Berlin an vielen Orten umsonst. So gut wie alle Hostels, Pensionen und Hotels bieten eigene Internetrechner oder zumindest WLAN an. Selten kostet eine Stunde surfen dort mehr als 1 Euro, häufig ist es sogar kostenlos. Auch die Berliner Stadtbibliotheken *(www.berlin.de/citybibliothek)* haben Internetplätze, Voraussetzung der Nutzung ist der Besitz eines Bibliotheksausweises. In der Senatsbibliothek *(Mo–Fr 9–16.30 Uhr, Straße des 17. Juni 112, Ernst-Reuter-Haus, Charlottenburg)* kann man auch ohne Ausweis surfen. Praktisch: Wer sein Notebook dabei hat, geht in den meisten Cafés kostenlos via WLAN online.

TAXI

Kurz und gut! Wenn Sie nur mal schnell „Um die Ecke“ müssen, dann sollten Sie den günstigen Kurzstreckentarif in Anspruch nehmen. Für 4 Euro kommen Sie mit einem auf der Straße angehaltenen Taxi 2 km weit. Achtung: den Taxifahrer auf die Kurzstrecke hinweisen, damit er rechtzeitig anhält. Mit einer Fahrgemeinschaft wird auch eine längere Taxifahrt erschwinglich. Die Einstiegsgebühr bei Taxis kostet 3,20 Euro, die ersten Kilometer 1,65 Euro und ab dem siebten 1,28 Euro. Bestellen Sie telefonisch ein Taxi, werden zusätzlich 2,50 Euro fällig.

TOP 10

> Das sollten Sie nicht verpassen! Auch, wenn der eine oder andere Eintritt nicht immer den Geldbeutel schont: Diese Sehenswürdigkeiten gehören in Berlin einfach dazu

1 BOTANISCHER GARTEN [160 C4]

Der größte Botanische Garten Europas beeindruckt auf rund 43 ha durch seine Pflanzenfülle und Gewächshäuser. Eines der Tropenhäuser ist 23 m hoch und 60 m lang und gehört zu den größten der Welt! *Eintritt 6 Euro | tgl. 9.30–17 Uhr | Eingänge Unter den Eichen u. Königin-Luise-Straße | Tel. 83 85 01 00 | www.botanischer-garten-berlin.de | S 1 Botanischer Garten | Steglitz*

2 BRANDENBURGER TOR [149 F3]

Das 1791 eingeweihte Wahrzeichen (Architekt: Carl Gotthard Langhans) verbindet heute den Westen mit dem Osten der Stadt. Die berühmte Quadriga auf dem Torbogen wurde 1806 von Napoleon nach Paris entführt und acht Jahre später wieder zurückerobert. Zu Mauerzeiten stand das 20 m hohe Tor direkt im Grenzstreifen und war nicht passierbar. *U-/S-Bahn Brandenburger Tor | Tiergarten*

3 FERNSEHTURM [150 C2]

In 203 m Höhe haben Sie einen grandiosen Blick über die Stadt. Dank eines neuen SMS-Terminsystems müssen Sie am Eingang nicht mehr Schlange stehen. Sie werden benachrichtigt, wenn Sie an der Reihe sind, den höllisch schnellen Lift nach oben zu besteigen. *Eintritt 10,50 Euro | Nov–Feb. tgl. 10–24 Uhr, März–Okt. 9–24 Uhr | Panoramastr. 1 a | www.tv-turm.de | S-/U-Bahn Alexanderplatz | Mitte*

4 GENDARMENMARKT [138 C4]

Am schönsten Platz der Stadt prunken der Französische Dom (S. 40) und der Deutsche Dom (S. 30) sowie das Konzerthaus Berlin, das ursprünglich als Schauspielhaus diente und 1818–21 nach Plänen des berühmten Berliner Baumeisters Karl Friedrich Schinkel erbaut wurde. Auf dem Gendarmenmarkt findet der schönste Weihnachtsmarkt Berlins statt. *U 2, 6 Stadtmitte | Mitte*

DIE BESTEN SEHENSWÜRDIGKEITEN

5 JÜDISCHES MUSEUM [158 B1]

Der Bau des 2001 eröffneten Museums von Stararchitekt Daniel Liebeskind beeindruckt durch seine bizarre Form. Drinnen wird die Geschichte der Juden in Europa eindrücklich vor Augen geführt. *Eintritt 5 Euro | Mo 10–22, Di–So 10–20 Uhr | Lindenstr. 9–14 | Tel. 25 99 33 00 | www.jmberlin.de | U 6 Hallesches Tor | Kreuzberg*

6 PERGAMONMUSEUM [150 B2]

Der riesige Pergamonaltar mit seinem 113 m langen Fries ist ein Publikumsmagnet. Ebenfalls sehr beliebt: die Straße von Babylon sowie das Markttor von Milet. *Eintritt 8 Euro | erm. 4 Euro, Do 18–22 Uhr Eintritt frei | tgl. 10–18 Uhr, Do bis 22 Uhr, Bodestr. 1–3 | Tel. 20 90 56 01 | www.smb.museum | S 5, 7, 9, 75 Hackescher Markt | Mitte*

7 REGIERUNGSVIERTEL [149 E–F2]

Hier kommen Sie Deutschlands Politik ganz nah: In dem von Axel Schulte und Charlotte Frank entworfenen sogenannten „Band des Bundes" wird seit 1999 regiert. *U 55 Bundestag | Tiergarten*

8 SCHLOSS CHARLOTTENBURG [146–147 C–D2]

Sophie Charlottes Sommersitz: Herrschaftliche Pracht des 18. Jhs. mit wunderschönem Schlosspark und Mausoleum. *Eintritt 10 Euro (Altes Schloss), 6 Euro (Neuer Flügel) | Nov.–März Di–So 10–17, April–Okt. Di–So 10–18 Uhr | Spandauer Damm | Tel. 32 09 11 | S 41, 42 Westend | Charlottenburg*

9 SCHLOSS SANSSOUCI [160 B4]

Potsdams Schlossensemble begeistert mit Orangerie, chinesischem Teehaus, Skulpturen und Fontänen. *Eintritt April–Okt. 12 Euro, Nov–März 8 Euro | Schlosspark Eintritt frei | Nov–März Di–So 10–17, April–Okt. Di–So 10–18 Uhr | Maulbeerallee | Tel. 0331/969 42 00 | S 7 Potsdam | Potsdam*

10 SONY CENTER [149 E–F4]

Die 2000 eröffnete Zeltdachkonstruktion, entworfen von Stararchitekt Helmut Jahn, gilt als modernes Wahrzeichen Berlins mit Kinos und Restaurants. *Potsdamer Platz | S-/U-Bahn Potsdamer Platz | Tiergarten*

> Berlin ist Europas Hauptstadt der Kultur. So viele Theater, Opernhäuser, Kinos, Museen und Galerien gibt es sonst nirgends, und das mitunter bei freiem oder wenig Eintritt

Gute Unterhaltung muss nicht teuer sein, und wer den Mann mit Goldhelm aus der Schule Rembrandts in der Gemäldegalerie (S. 31) einmal aus der Nähe betrachten will, kann das einmal wöchentlich sogar ohne einen Cent zu zahlen. Auch der Besuch einer Oper hängt hier auf keinen Fall vom Geldbeutel ab. Neben den großen Häusern bieten kleine Privattheater oder die zwei Berliner Kunsthochschulen erstklassige Aufführungen auf hohem Niveau. Und in der Humboldtuniversität (S. 28) Unter den Linden können Sie in einem Vortragssaal Kinofilme zum Studententarif schauen. Mit über vierhundert Galerien ist Berlin derzeit die Kunstmetropole Nummer Eins weltweit, und das Beste daran: So gut wie alle Galerien können Sie gratis besuchen! Eine Auswahl der wichtigsten Galerien gibt Ihnen auf den folgenden Seiten einen Einblick in die aktuelle Kunstszene. Wo Sie günstige Eintrittskarten bekommen oder ein Gratiskonzert stattfindet, erfahren Sie ebenfalls in diesem Kapitel. Spontanbesucher von Theater- oder Konzertvorstellungen etwa haben große

KULTUR & EVENTS

Chancen, Tickets am selben Tag für die Hälfte zu kaufen, zum Beispiel beim Eintrittskartenvertrieb Heckticket (S. 23). Und wer nicht älter als 30 Jahre alt ist, kann mit der Classiccard (S. 24) sogar noch mehr sparen. Entdecken Sie bekannte Streetart-Künstler (S. 19), hören Sie die berühmten Philharmoniker bei einem Lunchkonzert (S. 26) oder besichtigen Sie eine Plattenbauwohnung mit DDR-Möbeln (S. 33). Das alles für null Euro. So haben Sie am Ende des Tages viel erlebt und wenig ausgegeben. Viel Vergnügen!

GALERIEN

Insider Tipp

ATM GALERIE [144 B4]

Internationale Streetart-Künstler wie Pure Evil aus London, die Berliner Bonk und Romero sowie Werke der Südafrikanerin Faith 47 stehen im Mittelpunkt. Die Malereien und Collagen werden nicht von Wänden und Mauern entfernt und präsentiert, sondern von den Künstlern auf Stoffe, T-Shirts und Papier gezeichnet. Hier erfahren Sie auch, in welchen Straßen Berlins derzeit die interessantesten Kunstwerke zu finden sind. *Eintritt frei | Di–Sa 12–19 Uhr | Brunnenstr. 24 | Tel. 280 81 23 | www.atmberlin.de | U 8 Bernauer Straße | Mitte*

AUTOMOBILFORUM [138 C3]

Preisgekrönte Naturfotografen zeigen ihre Werke mehrmals jährlich im Untergeschoss dieses VW-Autohauses. Auf rund 500 m² können Sie seltene Tiere, wunderbare Sonnenuntergänge oder Impressionen aus weit entfernten Regionen bewundern. Am besten kurz telefonisch anfragen, ob gerade eine Ausstellung läuft. *Eintritt frei | Mo–Fr 9–20, Sa, So 10–18 Uhr | Unter den Linden 21 | Tel. 20 92 12 00 | U-/S-Bahn Friedrichstraße | Mitte*

CAMERA WORK **[136 C3]**

Die Stars der Fotokunst in lichtem Loft-Ambiente, und das gratis: Werke von Helmut Newton oder Peter Lindbergh, aber auch aktuelle Top-Fotografen wie Jean-Baptiste Huynh, Russel James oder Silke Lauffs werden in wechselnden Ausstellungen gezeigt. *Eintritt frei | Di–Sa 11–18 Uhr | Kantstr. 149 | Tel. 310 07 73 | www.camerawork.de | S 5, 7, 9, 75 Savignyplatz | Charlottenburg*

CONTEMPORARY FINE ARTS **[139 D2]**

Der Neubau gegenüber der Museumsinsel ist auch architektonisch ein Augenschmaus. Drinnen können Sie Kunst von bekannten Malern wie Daniel Richter, Jonathan Meese, Marc Brandenburg oder Georg Baselitz sehen. *Eintritt je nach Ausstellung 0–3 Euro | Di–Fr 11–18, Sa 11–17 Uhr | Am Kupfergraben 10 | Tel. 288 78 70 | www.cfa-berlin.de | S 5, 7, 9, 75 Hackescher Markt | Mitte*

DAIMLER KUNSTSAMMLUNG **[149 F4]**

Rund 1800 Arbeiten von 600 Künstlern umfasst die Kunstsammlung des berühmten Autobauers. Eine Auswahl davon können Sie am Potsdamer Platz gratis bewundern. Jeff Koons Balloonflower etwa ziert den Platz vor dem Musicaltheater. Ein paar Schritte entfernt davon werden u. a. Werke von Oskar Schlemmer, Max Bill, Auke de Vries, Andy Warhol, Georg Winter und Walter de Maria in wechselnden Ausstellungen gezeigt. *Eintritt frei | tgl. 11–18 Uhr | Alte Potsdamer Str. 5 | Tel. 25 94 14 20 | www.sammlung.daimler.com | U-/S-Bahn Potsdamer Platz | Tiergarten*

DIGITAL ART MUSEUM (DAM) **[150 B1]** Inside Tipp

Was am Computer entworfen wurde, wird hier als Skulptur, Plotterzeichnung oder virtuelle Malerei sichtbar. Ein Online-Museum ergänzt die Ausstellungen mit großem Archiv und Biografien, etwa über den Berliner Künstler Gerhard Mantz mit seinen wundervollen gepixelten Landschaftsbildern. *Eintritt frei | Di–Fr 12–18 | Sa 12–16 Uhr | Tucholskystr. 37 | Tel. 28 09 81 35 | www.dam.org | S 5, 7, 8, 9, 75 Oranienburger Straße | Mitte*

GALERIE EIGEN + ART **[150 B1]**
Der berühmte Maler Neo Rauch ist der Star dieser kleinen Galerie, die auch noch weitere Maler des Neo-Surrealismus und der berühmten Leipziger Schule vertritt. Bei Ausstellungseröffnungen sind die Künstler in der Regel selbst anwesend. *Eintritt frei | Di–Sa 11–18 Uhr | Auguststr. 26 | Tel. 280 66 05 | www.eigen-art.com | S 1, 2, 25 Oranienburger Straße | Mitte*

HALLE AM WASSER **[143 E5]**
Bekannte Künstler wie Gilbert & George beleben mit ihren bisweilen schrillen Werken die ehemalige Lagerhalle hinter dem Hamburger Bahnhof, einem Museum für moderne Kunst des 20. Jhs., in der u. a. die Galerie Arndt & Partner großflächige Installationen und Malerei in wechselnden Ausstellungen zeigt. *Eintritt frei | Di–Fr 12–18 | Sa 11–*

Wertvolle Kollektion des Autoherstellers: die Daimler Kunstsammlung

18 Uhr | Invalidenstr. 50–51 | Tel. 206 13 87 54 | www.halleamwasser.de | S 5, 7, 9, 75 Hauptbahnhof | Mitte

KUNSTFORUM BERLINER VOLKSBANK [137 E3]

Kunst für die ganze Familie! Das Forum gegenüber vom Berliner Aquarium ist bekannt für seine außergewöhnlichen Retrospektiven deutscher Künstler. HAP Grieshaber, Mathilde Vollmoeller-Purrmann oder Werner Tübke werden hier ausführlich vorgestellt, begleitet von einem Workshop-Programm für Kinder und Jugendliche (für Gruppen), Malwettbewerben und kostenlosen Führungen. *Eintritt frei | Tgl. 10–18 Uhr | Budapester Str. 35 | Tel. 30 63 17 44 | www.berliner-volksbank.de | U-/S-Bahn Charlottenburg | Charlottenburg*

Insider Tipp

GEDENKSTÄTTEN

DOKUMENTATIONSZENTRUM BERLINER MAUER [144 A3–4]

Geschichte zum Anfassen: Hier finden Sie Berlins letztes Stück Mauer mit Minengürtel und Wachturm. Welche architektonischen Wunden die Teilung der Stadt geschlagen hat, kann man auf dem Aussichtsturm sehen. Interessant: die Ausstellung u. a. mit Originaltönen von Politikern und historischem Filmmaterial. Die Versöhnungskapelle auf dem ehemaligen Mauerstreifen steht auf den Resten der 1985 abgerissenen Versöhnungskirche und wurde aus deren Steinresten und Lehm errichtet. *Eintritt frei | Di–So April–Okt. 10–18, Nov.–März 10–17 Uhr | Bernauer Str. 111 | Tel. 464 10 30 | www.berliner-mauer-gedenkstaette.de | S 1, 2, 25 Nordbahnhof | Wedding*

GEDENKSTÄTTE HOHENSCHÖNHAUSEN [161 E3]

Hohe Mauern, Stacheldraht, Wachtürme: Wie das Leben im Stasigefängnis Hohenschönhausen im Norden Berlins aussah, zeigt eine Ausstellung im Informationszentrum mit Dokumenten und Gegenständen aus dem Gefängnisalltag. Erschütternd und beeindruckend: Ehemalige Stasi-Gefangene berichten von ihrer Einzelhaft sowie den Verhörmethoden und führen stündlich durch das Gefängnis. *Eintritt frei, Führung 5 Euro, erm. 2,50 Euro | Mo–Fr 11–17 Uhr, Sa, So 10–18 Uhr | Genslerstr. 66 | Tel. 98 60 82 30 | www.stiftung-hsh.de | Tram M 6 Genslerstraße | Hohenschönhausen*

Insider Tipp **GEDENKSTÄTTE STILLE HELDEN** [139 E1]

Wer Juden versteckte während der Hitler-Diktatur begab sich selber in Todesgefahr, dennoch hatten etliche Familien in Deutschland den Mut, jüdische Nachbarn, Bekannte und Verwandte aufzunehmen. Eine Gedenkstätte neben den Hackeschen Höfen erinnert an diese mutigen Menschen mit der Schilderung von Biografien und vielen Fotos. Modernste Medientechnik lässt die Menschen der damaligen Zeit lebendig werden. *Eintritt frei | Tgl. 10–20 Uhr | Rosenthaler Str. 39 | Tel. 23 45 79 29 | S 5, 7, 9, 75 Hackescher Markt | Mitte*

HOLOCAUST-MAHNMAL [138 A3]

2005 eingeweiht, heißt die Gedenkstätte offiziell „Denkmal für die Ermordeten Juden Europas" und symbolisiert die aussichtslose Lage der Juden während der Nazizeit. Der Entwurf zu dem labyrinthartigen Feld mit bis zu drei Meter hohen Stelen stammt von Peter Eisenman. Im Untergeschoss befindet sich eine Ausstellung über Konzentrationsla-

CLEVER!

> Karten-Schnäppchen

Bevor Sie den Besuch von Theatern, Museen oder Konzertsälen planen, sollten Sie unbedingt schauen, ob der Last-Minute-Ticketverkauf Heckticket *(www.heckticket.de)* Schnäppchen-Eintrittskarten bietet. Die Berliner Filiale des Wachsfigurenkabinetts Madame Tussauds *(tgl. 10–19 Uhr, Unter den Linden 74, Mitte* [138 B3]*)* können Sie z. B. ab 15 Uhr mit einem Last-Minute-Ticket schon für 10 Euro besuchen, statt zum regulären Preis von 19,50 Euro. Auch Opern oder Kabarettkarten werden unschlagbar günstig angeboten. Wer flexibel ist bei der Terminwahl, kann auf diese Weise viel Geld sparen. Angeboten werden die Billigtickets nicht nur im Internet, sondern auch am Heckticket-Verkaufsschalter *(Hardenbergstr. 29d, Charlottenburg, Tel. 230 99 30, U-/S-Bahn: Zoologischer Garten, Tiergarten* [137 D3]*)*. Tipp: Das Angebot an Last-Minute-Tickets ist an Werktagen wesentlich größer als am Wochenende.

ger und die Schicksale jüdischer Mitbürger. *Eintritt frei | Das Stelenfeld ist jederzeit zugänglich | Info-Zentrum: April–Sept. Di–So 10–20 Uhr (letzter Einlass 19.15 Uhr), Okt.–März Di–So 10–19 Uhr (letzter Einlass 18.15 Uhr) | Cora-Berliner-Str. 1 | Tiergarten | Tel. 200 76 60 | www.holocaust-mahnmal.de | S 1, 2, 25 Brandenburger Tor | Mitte*

KLEINKUNST

HAUS DER SINNE **[144 C1]**

Beim Ganovenball geben sich die Gangster gegenseitig ein Bier aus, an Tangoabenden rückt der Rotwein in den Vordergrund. Das Kulturzentrum beeindruckt mit einem vielfältigen Programm bei niedrigem Eintritt. Kostenlos ist am ersten Montag im Monat die Jam-Session. Jeder kann sein Instrument mitbringen oder zuhören. *Eintritt 0–8 Euro | Ystader Str. 10 | Tel. 44 04 91 55 | www.hausdersinneberlin.de | U-/S-Bahn Schönhauser Allee | Prenzlauer Berg*

LICHTBURGFORUM **[144 A1]**

Wo einst das prachtvolle Kino Lichtburg dem Wedding Glanz verlieh,

CLEVER!

> Kulturpaket hilft sparen

Wer sich öfter in Berlin aufhält und gerne mehrere Konzerte und Theatervorstellungen besuchen möchte, fährt preislich gut mit dem Kulturpaket. Unter *www.lustaufkultur.de* können Sie etwa die Berliner Mischung (z. B. Staatsoper, Deutsches Theater, Renaissance Theater, Maxim Gorki Theater) für 100 (erm. 82) Euro buchen oder vier Konzertabende (u. a. in der Philharmonie) für 130 (erm. 112) Euro. Das sind bis zu 40 Prozent Rabatt! Enthalten ist eine Kulturkarte, die sie ein Jahr lang zum weiteren günstigen Ticketkauf berechtigt. Einfach an der Abendkasse vorzeigen oder beim Ticketvertrieb Freie Volksbühne die gewünschten Karten vorbestellen. *(Infos unter Tel. 860 09 35 19).* Für junge Leute unter 30 Jahren ist der Kauf einer Classiccard sinnvoll. Sie kostet einmalig 15 Euro und gewährt ein ganzes Jahr lang einen Festpreis von 8 Euro für Konzerte, bzw. 10 Euro für Oper und Ballett. *www.classiccard.de*

gibt es jetzt im Veranstaltungssaal der Siedlung Gartenstadt Atlantic Lesungen, klassische Konzerte und Theater von jungen Ensembles. *Eintritt 0–6 Euro | Behmstr. 13 | Tel. 49 98 81 51 | www.lichtburgforum.de | U-/S-Bahn Gesundbrunnen | Wedding*

SCHEINBAR VARIETÉ **[157 E3]**
Hier können Sie gut lachen: Nachwuchs-Komödianten zeigen beim Open-Stage Varieté mittwochs bis samstags, was sie drauf haben. Das Publikum erwartet im Mini-Saal, der schnell ausverkauft ist, fast immer ein großer Spaß. Auch beliebt: das bekannte Kabarett Lonely Husband, das hier regelmäßig auftritt. *Eintritt Mi, Do 7 Euro, Fr, Sa 8,50 Euro | Monumentenstr. 9 | Tel. 784 55 39 | www.scheinbar.de | S 1 Julius-Leber-Brücke | Schöneberg*

Insider Tipp
THEATERDOCK **[143 E5]**
Off-Bühne in der Kulturfabrik Moabit: Junge Theaterdramaturgen und -regisseure bringen ihre Stücke auf die Bühne, Pianisten geben Improvisationskonzerte und jeden 19. im Monat beurteilen Zuschauer beim Open Stage (Eintritt frei), ob angehende Profitänzer, -musiker oder -schauspieler Talent haben. *Eintritt 0–8 Euro | Lehrter Str. 35 | Tel. 397 54 26 | www.theaterdock.de | S 5, 7, 9, 75 Hauptbahnhof | Moabit*

KONZERTE

GEDÄCHTNISKIRCHE **[148 B5]**
Hochkarätige Orgelkonzerte und Bachkantaten können Sie im bekannten Gotteshaus in der Nähe des Kurfürstendamms hören. Die meisten Konzerte sind kostenlos, zum Beispiel die Orgelvesper mit Werken von Bach jeden Samstag um 18 Uhr. Die von Architekt Egon Eiermann konzipierte Kirche aus blauen Glasbausteinen ist magisch, und eignet sich auch, um tagsüber nach einem Bummel über den Ku´damm mit seinen vielen Geschäften Ihr ganz individuelles Konzert der Stille zu genießen! *Eintritt frei | Breitscheidplatz | Tel. 664 42 51 | www.gedaechtnis kirche-berlin.de | U-/S-Bahn Zoologischer Garten | Charlottenburg*

Insider Tipp

HANNS EISLER MUSIKHOCHSCHULE **[138 C4]**
Die kostenlosen Konzerte von Musikstudenten, etwa ein Vortragsabend der Gesangsklasse mit Werken von

Johann Sebastian Bach im historischen Marstall ganz in der Nähe vom Berliner Dom oder im Hauptgebäude am Gendarmenmarkt, sind bei den Berlinern beliebt. Daher sollten Sie frühzeitig vor Ort sein, um einen guten Platz zu ergattern. Termine finden Sie auf den Internetseiten der Hochschule oder in der Programmbroschüre, die in den Foyers der beiden Hochschulstandorte ausliegt. *Eintritt frei | Schlossplatz 7 u. Charlottenstr. 55 | Tel. 688 30 58 40 | www.hfm-berlin.de | U 2 Hausvogteiplatz u. Stadtmitte | Mitte*

PHILHARMONIE **[149 E4]**

Zu den begehrten, aber teuren Konzerten der Berliner Philharmoniker gibt es eine Alternative: Kostenlose Lunchkonzerte, die von September bis Juni dienstags um 13 Uhr stattfinden, geben u. a. Mitglieder der Berliner Philharmoniker und Stipendiaten der Orchester-Akademie im Foyer der Philharmonie. Günstig sind auch die Familienkonzerte mehrmals im Jahr sonntags um 16 Uhr: Kinder haben freien Eintritt, Erwachsene zahlen nur 8 Euro. *Sept.–Juni Di 13 Uhr Eintritt frei | Herbert-von-Karajan-*

Das Downstairs im Filmcafé ist ein kleines Kino mit viel Charme

Str. 1 | Karten Mo–Fr 15–18, Sa, So 11–14 Uhr | Tel. 25 48 89 99 | www.berliner-philharmoniker.de | U-/S-Bahn Potsdamer Platz | Tiergarten

UNIVERSITÄT DER KÜNSTE [137 D2]
Die Berliner Hochschule im Westteil der Stadt bietet regelmäßig kostenlose Konzerte ihrer Musikstudentinnen und -studenten an. Und dabei geht es auch gerne einmal experimentell zu: So werden etwa aus Klängen von elektromagnetischen Feldern, die durch digitale Kommunikations- und Sicherheitssysteme entstehen, Kompositionen entwickelt und vorgetragen. Die Konzerte finden an unterschiedlichen Orten statt, u. a. in der Alten Aula *(*[137 D2] *Hardenbergstr. 35 | U-/S-Bahn Zoologischer Garten | Charlottenburg)* und in der Grunewaldstraße 2–5, *(*[157 D3] *U 7 Kleistpark | Schöneberg). Eintritt frei | Tel. 31 85 23 74 | www.udk-berlin.de*

KINOS

Alle Berliner Kinos haben jeweils mindestens einmal in der Woche einen Tag mit ermäßigten Eintrittspreisen (ca. 4–5 Euro). Informationen zu den jeweiligen Kinotagen finden Sie unter *www.kinokompendium.de*

DOWNSTAIRS IM FILMCAFÉ [145 D2] Insider Tipp
Frühstücken und Film für 9.90 Euro! Das kleine Programmkino im Keller eines Cafés im Bezirk Prenzlauer Berg lädt sonntags zum Brunch mit Kino ein. Aber auch an allen anderen Tagen der Woche können Sie herausragende Filme sehen für nur 4,50 Euro (4 Euro erm.). Das Bier zum Film kostet Sie nur 1,50 Euro, günstiger gehts kaum! Früh da sein lohnt sich, da das Kino nur 40 Plätze hat. *Eintritt 4–4,50 Euro | Schliemannstr. 15 | Tel. 81 01 90 50 | www.dasfilmcafe.de | Tram 12 Raumerstraße | Prenzlauer Berg*

FILMRAUSCHPALAST IN DER KULTURFABRIK MOABIT [143 E5]
Mal wieder Lust auf Matrix? Im ersten Stock des Off-Kulturzentrums in der Nähe des Hauptbahnhofs werden Kultfilme gezeigt, aber auch neue Filme, so sie einen gewissen intellektuellen Anspruch haben. Im Sommer wird im Hinterhof eine Leinwand aufgezogen und Open-Air-Kino auch mal bei freiem Eintritt geboten. Günstig sind nicht nur die Kinokarten, sondern auch das Bier oder die Limo (ca. 2 Euro) vor oder nach der Vorstellung. *Eintritt Mo–Mi 4 Euro,*

Do–So 4,50 Euro | Lehrter Str. 35 | Tel. 394 43 44 | www.filmrausch.de | S 7, 9, 75 Hauptbahnhof | Moabit

KINOKLUB DER HUMBOLDTUNIVERSITÄT [139 D3]
Rund zehn aktuelle Kinofilme pro Semester werden im Ostflügel des Hauptgebäudes Unter den Linden zum studentenfreundlichen Eintrittspreis vorgeführt. Der Zutritt ist aber auch Nicht-Studenten erlaubt, und wer die harten, schmalen Sitze und die Reflektionen des Projektors an der Decke in Kauf nimmt, erlebt einen netten Kinoabend. *Eintritt 2,50 Euro | Unter den Linden 6 | kein Tel. | www.kinoklub.de | U-/S-Bahn Friedrichstraße | Mitte*

Z-INEMA [144 B4]
Cineasten-Paradies: Klassiker der Filmgeschichte zeigt Betreiber Thomas Wind sonntags und mittwochs im kleinen Kinosaal hinter der Z-Bar. Hier geht es sehr persönlich zu, und oftmals bleiben die Besucher nach der Vorstellung noch zusammen und schwärmen beim Bier von „Spiel mir das Lied vom Tod" oder „Double Agent 73". Sonntags gibt es Filmaufführungen im 16 mm Format. *Eintritt 2,50 Euro | Bergstr. 2 | Tel. 28 38 91 21 | www.z-bar.de | U 8 Rosenthaler Platz | Mitte*

Insider Tipp

MUSEEN

ALLIIERTENMUSEUM [160 C4]
Die Militärangestellten der Alliierten prägten bis zur Wende nachhaltig das Geschehen in der Stadt. Eine Ausstellung dokumentiert anhand von Jeeps, Wachhäuschen, Uniformen und Fotos Leben und Wirken von Briten, Franzosen und Amerikanern vom Einmarsch in Berlin bis zum Abzug 1994. Der „Rosinenbomber" auf dem Freigelände dient im Sommer sonntags als Kino. Gezeigt wird historisches Filmmaterial. *Eintritt frei | Do–Di 10–18 Uhr | Clayallee 135 | Tel. 818 19 90 | www.alliierten museum.de | U 3 Oskar-Helene-Heim | Zehlendorf*

DEUTSCHE GUGGENHEIM BERLIN [138 C3]
Kunst vom Feinsten – und das ganz umsonst: Montags kommen Besucher gratis in den Ableger des New Yorker Guggenheimmuseums. Die Ausstellungen moderner und zeitgenössischer Kunst gehören mit zum Besten, was die Berliner Kunstszene

Bild: Das Deutsche Guggenheim Berlin ist eine Dependance des New York Guggenheim

KULTUR & EVENTS

zu bieten hat. Imi Knoebel war mit seinen Werken schon hier, ebenfalls Gerhard Richter und Jackson Pollock. Interessant sind auch Zeitgeist-Ausstellungen, etwa über Neoimpressionisten. Insider Tipp Täglich um 18 Uhr gibt es eine kostenlose Führung. *Mo Eintritt frei | tgl. 11–20 Uhr | Unter den Linden 13–15 | Tel. 202 09 30 | www.deutsche-guggenheim.de | U 6 Französische Straße | Mitte*

DEUTSCHER DOM **[138 C4]**

„Wege, Irrwege, Umwege. Die Entwicklung der parlamentarischen Demokratie in Deutschland" heißt eine interessante Dauerausstellung des Deutschen Bundestags auf fünf Etagen im Deutschen Dom südlich des Gendarmenmarkts (S. 16). Allein die Architektur des ehemaligen Kirchenbaus aus dem 18. Jh. lohnt einen Besuch. Kostenlose Führungen täglich um 11, 13 und 16 Uhr, außerdem ist das Ausleihen von Audio-Guides gratis. Tipp: Täglich um 14 Uhr Dokumentarfilmvorführungen, u. a. über das Berlin der 1920er Jahre und Berlin im Bombenhagel. *Eintritt frei | Di–So 10–18 Uhr | Gendarmenmarkt 1 | Tel. 22 73 04 31 | U 2, 6 Stadtmitte | Mitte*

CLEVER!

> *Günstiger ins Museum*

Wer möglichst viele Ausstellungen anschauen möchte, sollte sich das Kombiticket Schaulust Museen kaufen, mit dem man für 19 Euro (für Schüler und Studenten 9,50 Euro) an drei aufeinanderfolgenden Tagen Berlins Museumslandschaft erkunden kann. Das Ticket bietet freien Zutritt zu über 60 Museen, gilt jedoch nicht für Sonderausstellungen. Es ist in den Museen, Touristinformationen oder auch online erhältlich.
www.museumsportal-berlin.de

DEUTSCH-RUSSISCHES MUSEUM KARLSHORST **[161 E3]**

Die Schrecken des Krieges und der lange Weg zur Versöhnung zwischen Deutschen und Russen liegen noch nicht weit zurück. Der Alltag von Soldaten an der Front, aber auch die Zeit der Besatzung durch die Sowjets sind Themen in ausgestellten Dokumenten, Waffen, Orden, etc. Das Museum entstand 1991, nach dem Abzug der russischen Armee aus den östlichen Teilen Deutschlands. *Eintritt frei | Di–So 10–18 Uhr | Zwiese-*

ler Str. 4 | Tel. 50 15 08 10 | www.museum-karlshorst.de | S 3 Karlshorst | Karlshorst

FRIEDRICHSWERDERSCHE KIRCHE [139 D3–4]
Ein neugotisches Meisterwerk des Architekten und Stadtplaners Karl Friedrich Schinkel und eine der schönsten Kirchen Berlins. Im Kirchenschiff werden Skulpturen des frühen 19. Jhs. gezeigt – lebensgroße Abbildungen von Prinzessinnen und Fürsten aber auch Bildnisse von Kant, Goethe und den Humboldt-Brüdern. Geschaffen wurden sie u. a. von Johann Gottfried Schadow und Christian Daniel Rauch. *Eintritt frei | Tgl. 10–18 Uhr | Werderscher Markt | U 2 Hausvogteiplatz | Mitte*

GEMÄLDEGALERIE [149 E4]
Das berühmte Bild aus Rembrandts Schule „Der Mann mit dem Goldhelm" sollten Sie am Donnerstagabend (Eintritt frei!) anschauen, aber nicht nur dieses Bild: Eine einzigartige Sammlung europäischer Malerei des 13. bis 18. Jhs. ist hier versammelt, 1400 Gemälde verteilt auf 72 Säle und Kabinette! Die Gemälde von van Eyck, Bruegel, Dürer, Raffael, Tizian, Caravaggio, Rubens und Vermeer sind ebenfalls Publikumsmagneten. *Do 18–22 Uhr Eintritt frei | Di–So 10–18, Do–22 Uhr | Matthäikirchplatz | Tel. 266 29 51 | www.gemaeldegalerie-berlin.de | U-/S-Bahn Potsdamer Platz | Tiergarten*

MÄRKISCHES MUSEUM [139 F5]
Jeden ersten Mittwoch im Monat können Sie bei freiem Eintritt in die Berliner Geschichte eintauchen. Das Märkische Museum ist auch architektonisch höchst interessant: In dem gerade mal hundert Jahre alten Bau mit Gewölben und einem wunderschönen neugotischen Backsteinfirst fühlen Sie sich wie in einer Mittelalter-Burg. Hier steht u. a. die älteste Anklagebank Berlins, sie ist fast tausend Jahre alt. *1. Mi im Monat frei | Di, Do–So 10–18, Mi 12–20 Uhr | Am Köllnischen Park 5 | Tel. 30 86 62 15 | U 2 Märkisches Museum | Mitte*

MUSEUMSINSEL [139 D2–3]
Pergamonmuseum, Bode-, Altes, Neues Museum sowie die Alte Nationalgalerie können Sie unmöglich an einem einzigen Tag anschauen. Günstig ist daher der Kauf eines Kombitickets, u. a. die Welcomecard (S. 11)

oder der Museumspass Schaulust Museum (S. 30). Am Donnerstagabend ist der Eintritt in allen Museen außer dem Neuen Museum frei. Eines der größten Museumszentren der Welt bietet sensationelle Einblicke in die Bildhauerei, Malerei und die Geschichte der letzten dreitausend Jahre. Entstanden sind die Bauten der Museumsinsel im 19./20. Jh., das Pergamonmuseum wurde erst 1930 eröffnet. Dort befinden sich der berühmte Pergamonaltar, das Markttor von Milet und die Prozessionsstraße von Babylon. Im Bodemuseum können Sie z. B. wertvolle Holzschnitzereien von Tilman Riemenschneider bewundern, und im Neuen Museum ist u. a. die ägyptische Sammlung mit der Büste der ägyptischen Königin Nofretete ein Highlight. Werke des Romantikers Caspar David Friedrich sowie zahlreiche Impressionisten, etwa Monet und Renoir, ziehen in der Alten Nationalgalerie in Bann. *Bodemuseum, Pergamonmuseum Do 18–22 Uhr Eintritt frei | tgl. 10–18 Uhr, Do bis 22 Uhr, Alte Nationalgalerie Di–So 10–18, Do–22 Uhr, Neues Museum Mo–Mi, So 10–18,*

CLEVER!

> Bitte (hinten) Platz nehmen

In den staatlichen Bühnen sind die hinteren Plätzen sehr günstig. So kostet etwa im Deutschen Theater eine Karte ab 4 Euro, Im Berliner Ensemble ab 5 Euro (2. Rang, Stehplätze). Nicht immer ist die Sicht gut, aber eventuell können Sie sich in der Pause umsetzen auf freie Plätze weiter vorne. *Deutsches Theater* **[138 B1]**: *Schumannstr. 13 a | Karten Mo–Sa 11–18.30, So 15–18.30 Uhr u. vor Aufführungen | Eintritt ab 4 Euro | Tel. 28 44 12 25 | www.deutschestheater.de | U-/S-Bahn Friedrichstraße | Mitte; Berliner Ensemble* **[138 C1–2]**: *Bertolt-Brecht-Platz 1 | Karten Mo–Fr 8–18, Sa, So 11–18 Uhr u. vor Aufführungen | Eintritt ab 5 Euro | Tel. 28 40 81 55 | U-/S-Bahn: Friedrichstraße | Mitte; Deutsche Oper Berlin* **[147 E3]**: *Bismarckstr. 35 | Karten Mo–Sa 11–19, So 10–14 Uhr u. vor Aufführungen | Eintritt ab 12 Euro | Tel. 34 38 42 25 | www.deutscheoperberlin.de | U 2 Deutsche Oper | Charlottenburg*

Do–Sa 10–20 Uhr | Bodestr. 1–3 | Tel. 20 90 56 01 | www.smb.museum | S 5, 7, 9, 75 Hackescher Markt | Mitte

Insider Tipp

MUSEUMSWOHNUNG HELLERSDORF [161 E3]

Wie eine durchschnittliche DDR-Familie wohnte, können Sie sonntags im Hellersdorfer Plattenbau besichtigen. Dort ist eine 3-Raumwohnung vom Zahnputzbecher bis zur Schrankwand mit originalen Einrichtungsgegenständen aus der sozialistischen Produktion eingerichtet. Das Aufsichtspersonal erklärt DDR-Alltagskultur anhand eigener Erfahrungen und eines Dokumentarfilms. *Eintritt frei | So 14–16 Uhr u. n. tel. Vereinbarung | Hellersdorfer Str. 179 | Tel. 0151/16 11 44 40 | U5 Cottbusser Platz | Hellersdorf*

TEMPORÄRE KUNSTHALLE [139 D–E3]

Mal wird ein Autokino simuliert, mal singt ein Chor im Rahmen einer Videoinstallation immer dasselbe. Die Ausstellungen internationaler Künstler auf dem Schlossplatz bieten ein dreidimensionales Erlebnis. Die Leichtbauhalle verändert regelmäßig ihre Fassade und wird so selbst zum Kunstwerk. Wegen Sonderveranstaltungen ändern sich öfters die Öffnungszeiten. *Eintritt frei | So–Fr 11–18, Sa 11–21 Uhr | Schlossplatz | Tel. 20 45 36 50 | www.kunsthalle-berlin.com | S 5, 7, 9, 75 Hackescher Markt | Mitte*

THEATER

BAT-STUDIOTHEATER [145 D4]

Studenten der renommierten Hochschule für Schauspielkunst Ernst Busch spielen hier Stücke von Gogol bis Kroetz, und das zum Teil bei freiem Eintritt. Lassen Sie sich überraschen, was talentierte Regisseure aus den Dramenvorlagen herausarbeiten. Sie können sicher sein: Jede Aufführung ist anders und sprühend vor Energie und Schauspiellust! Unbedingt vorher Karten reservieren, da das Theater nur 115 Sitzplätze hat. *Eintritt 0–8 Euro | Belforter Str. 15 | Tel. 75 54 17-777 | www.bat-berlin.de | U 2 Senefelderplatz | Prenzlauer Berg*

FREI.WILD

Beim Improvisationstheater dürfen Sie während der Vorführung mal so richtig dazwischen quatschen, und die Schauspieler machen sogar, was Sie sagen! Die Handlung bestimmen nämlich die Zuschauer, und die Darsteller auf der Bühne spielen aus dem Stehgreif gekonnt die passenden Szenen. Die Spielorte wechseln, daher im Internet oder telefonisch nach den Aufführungen erkundigen. *Eintritt 8–10 Euro | Tel. 0170/387 54 29 | www.frei-wild-berlin.de*

NEUKÖLLNER OPER **[161 D3]**

Spektakel im Cafe! Montags geben die Schauspieler der Neuköllner Oper eine Gratisvorstellung im Café Hofperle. Sie improvisieren auf Zuruf und entwickeln spontan kleine Dramen und Opern mit den Themen der Zuschauer. Und das für eine freiwillige Spende nach der Vorstellung. Die originellen Bühnenstücke in der Neuköllner Oper sollten Sie ebenfalls kennenlernen. Donnerstags kosten die Tickets für die Opernvorstellungen nur 12 (erm. 9) Euro statt 18 (erm. 15) Euro. *Eintritt ab 0 Euro | Karl-Marx-Str. 131 | Karten Di–Fr u. an Spieltagen 15–19 Uhr | Tel. 68 89 07 77 | www.neukoellneroper.de | U 7 Karl-Marx-Straße | Neukölln*

PRIME TIME THEATER **[143 E2]**

Magst du Döner – kommst du rein. In der Seifenoper „Gutes Wedding, schlechtes Wedding" wird gnadenlos mit dem benachbarten Szenebezirk Prenzlauer Berg abgerechnet und die türkische Community im Dönerimbiss auf die Schippe genommen. Auch der Auftritt der „Teenietussen" sorgt regelmäßig für Gelächter. Die Theatervorstellungen zum Preis von drei bis vier Döner Kebabs sind sehr beliebt und daher regelmäßig ausverkauft. Also lieber Tickets reservieren. *Eintritt 7–10 Euro | Müllerstr. 163/Eingang Burgsdorfstraße | Tel. 49 90 79 58 | www.primetimetheater.de | U-/S-Bahn Wedding | Wedding*

THEATER UNTERM DACH **[145 E3]**

Kunst am Puls der Zeit: Freie Schauspielgruppen zeigen in der kommunalen Spielstätte mit 99 Plätzen zeitgenössische Dramen zum günstigen Eintrittspreis. „Kaspar Häuser Meer" von Felicia Zeller etwa handelt vom Alltag dreier Sozialarbeiterinnen eines Jugendamtes und unterhält durch groteske Innenansichten der Sozialbehörden. Besser telefonisch reservieren. *Eintritt 5–8 Euro | Danziger Str. 101 | Tel. 902 95 38 17 | www.theateruntermdach-berlin.de | Tram M 10 Winsstraße | Prenzlauer Berg*

THEATER VERLÄNGERTES WOHNZIMMER [152 C1]

Das kleine Friedrichshainer Privattheater zeigt zeitgenössische Kammerstücke, etwa „Kick", ein Drama über die Mörder eines Brandenburger Jugendlichen. Jeden ersten Dienstag gibt es die sogenannte offene Bühne: Nachwuchsschauspieler und -komödianten geben dann ihr Bestes, das Publikum zahlt mit Applaus und entscheidet selbst über die Höhe des Eintritts (Spende). *Eintritt Spende | Frankfurter Allee 91 | Tel. 45 30 63 51 | U-/S-Bahn Frankfurter Allee | Friedrichshain*

Beste Unterhaltung erwartet Sie im Prime-Time-Theater am S- und U-Bahnhof Wedding

> Nirgends kann man für wenig Geld mehr erleben als in Berlin. Ob kostenlose Führung durch den Bundestag oder günstiges Klettern auf einem Bunker: Was Sie vor allem brauchen, ist Neugier und Abenteuerlust

Am besten, Sie schauen sich Berlin zunächst einmal von oben an. Viele Aussichtsplattformen (S. 40) zum kleinen Preis verschaffen Ihnen einen guten Überblick. Wenn Sie später unterwegs sind, finden Sie vieles wieder, was Sie von oben gesehen haben. Sternwarte (S. 36), Olympiastadion und Fußballtraining des Bundesligisten Hertha BSC (S. 39) oder ein Freiluftkonzert im Tiergarten (S. 45) gestalten einen Aufenthalt in der Hauptstadt abwechslungsreich und Geldbeutel schonend. Wo sich welche Sehenswürdigkeiten befinden, können Sie u. a. auf kostenlosen Stadtführungen (S. 46) kennenlernen. Wussten Sie, dass Berlin mit seinen fünf Flüssen auch über Fähren (S. 48) verfügt, mit denen Sie preiswerte Ausflüge übers Wasser unternehmen können? Neben den Flüssen gibt es viele Seen und Schwimmbäder, wo sie günstig planschen und sogar segeln können. Die Schwimmhallen der Berliner Bäderbetriebe sind in gutem Zustand, und manche Uferstelle am See lädt im Sommer zum Gratisbaden ein. Schauen Sie, was möglich ist, viel Spaß!

MEHR ERLEBEN

ACTION

ARCHENHOLD STERNWARTE [153 D5]

Das günstigste und beste Planetarium der Stadt: Bewundern Sie das längste Fernrohr der Erde (21 m) und lassen Sie sich erklären (sonntags 15 Uhr), wie es funktioniert. Auch das Museum der kleinen, aber feinen Sternwarte ist etwas Besonderes: Dort können Sie u. a. einen riesigen Eisen-Meteorit besichtigen. Das älteste Fernrohr der Sternwarte ist über 120 Jahre alt! Aber auch ein kleines Planetarium fasziniert die Besucher. Beobachtungen am Riesenfernrohr jeden ersten Freitag im Monat um 20 Uhr. *Eintritt Ausstellung 2,50 Euro, erm. 2 Euro, Führung 4 Euro, erm. 3 Euro, Beobachtungen am Fernrohr 5 Euro, erm. 4 Euro | Mi–So 14–16.30 Uhr, öffentl. Beobachtung Fr 20 Uhr | Alt-Treptow 1 | Tel. 534 80 80 | www.sdtb.de | S 8, 9, 41, 42 Treptower Park | Treptow*

FLUGHAFEN TEMPELHOF [158 A–B–C5]

Einmal übers Rollfeld skaten oder im Hangar Bratwurst essen? Auf dem Gelände des ehemaligen Flughafens Tempelhof können Sie seit 2009 auf 338 Hektar an Führungen per Bus, zu Fuß oder mit dem Fahrrad teilnehmen, oder – seit Mai 2010 – auch einfach nur spazieren gehen. 2017 wird hier die Internationale Gartenausstellung den Ort aufhübschen. *Eintritt frei | Tel. 28 01 81 17 | Führungen 4,50–5,90 Euro | U 6 Platz der Luftbrücke | Tempelhof*

FÜHRUNG DURCH DEN BUNDESTAG [149 F2]

Sie wollen wissen, wie und wo die 622 Abgeordneten des Deutschen Bundestags mit ihren Angestellten und Referenten arbeiten? Führungen durch den Reichstag (S. 41) sowie die Parlamentsgebäude Elisabeth-Lüders- und Paul-Löbe-Haus werden mehrmals täglich außerhalb der Sitzungszeiten angeboten, und das gratis. Auch Führungen für Familien (samstags) sowie Kunst- und Architekturtouren finden regelmäßig statt. Eine schriftliche Anmeldung (auch per E-Mail oder Fax) ist Pflicht, am

Coole Kunststücke zeigen die Kids in Europas größter Skatehalle in Friedrichshain

besten so früh wie möglich, denn die Touren sind häufig ausgebucht. *Postanschrift: Deutscher Bundestag, Besucherdienst | Platz der Republik 1 | 11011 Berlin | Tel. 22 73 21 52 | Fax 22 73 00 27 | besucherdienst@bundestag.de | www.bundestag.de/besuche/fuehrungen | U 55 Bundestag | Tiergarten*

sider pp

HERTHA-TRAINING [160 C3]

Fußballfreunde können für null Euro Profikickern zusehen – beim öffentlichen Training. Mehrmals wöchentlich jeweils um 10 oder 15 Uhr läuft Bundesligist Hertha BSC zur Hochform auf, um sich u. a. mit Übungsspielen auf kommende Begegnungen vorzubereiten. Trainiert wird auf dem Gelände neben dem Olympiastadion an der Hanns-Braun-Straße. Termine finden Sie im Internet unter *www.herthabsc.de* in der Rubrik Saison/Termine. *Tel. 300 92 80 | S 5 Olympiastadion | Charlottenburg*

KARAOKE IM MAUERPARK [144 C2]

Jeden Sonntagnachmittag geben im Sommer Laiensänger unter freiem Himmel ihr Bestes, während ein begeistertes Publikum die Interpreten in der Arena im Mauerpark anfeuert. Mitmachen kann jeder, der Veranstalter Joe Hatchiban hat eine mobile Musikanlage dabei und jede Menge Lieder zum Nachsingen. *Eintritt frei | April–Sept. So ca. 14–17 Uhr | Mauerpark | www.bearpitkaraoke.com | U 2 Eberswalder Straße | Prenzlauer Berg*

OLYMPIASTADION [160 C3]

Das zweitgrößte deutsche Sportstadion fasst über 74 000 Zuschauer und ist auch leer beeindruckend. 2004 runderneuert fanden hier 1939 die olympischen Spiele statt. Einen guten Überblick verschafft der 77 Meter hohe Glockenturm mit gläsernem Fahrstuhl und einer interessanten Ausstellung über die Geschichte des Stadions. *Eintritt 4 Euro, erm. 3 Euro, Glockenturm 3,50 Euro | Stadion tgl. 9–19 Uhr, im Winter bis 16 Uhr | Glockenturm April–Nov. tgl. 9–18 Uhr | Stadion Tel. 25 00 23 22 | S 5 Olympiastadion | Charlottenburg*

SKATEHALLE [152 B3]

Europas größte Skatehalle zieht nicht nur die Kids an! Zuschauen lohnt sich, denn es ist beeindruckend, was der Nachwuchs auf riesigen Halfpipes für Kunststücke zeigt. Skatermeisterschaften und andere Events sorgen häufig am Wochenende für ein volles Haus. *Eintritt 5 Euro, erm. 4 Euro, Zuschauer 2 Euro, erm. 1 Euro | Okt.–April Mo 14–20, Di, Mi, Fr 14–24, Do 14–22, Sa 11.30–24, So 11.30–20 Uhr, Mai–Sept. Di 14–22, Mi, Fr 14–24, Do 14–20, Sa 11.30–24, So 11.30–20 Uhr, Di BMXTag | Revaler Str. 99 | Tel. 29 36 29 66 | www.skatehalle-berlin.de | U-/S-Bahn Warschauer Straße | Friedrichshain*

Insider Tipp

SPREEPADDELN **[152 B4]**

Paddeln auf der Spree ist ein ganz besonderes Vergnügen! In Kreuzberg, wo der Fluss etwas breiter ist, müssen Sie auch keine Angst vor Kollisionen mit Schubschiffen haben. Schauen Sie sich doch einmal die 30 m hohen Molecule Men, eine Skulptur in der Spree des Bildhauers Jonathan Borofsky aus der Nähe an und lassen Sie sich sanft zum Anleger zurücktreiben. Ein 2er-Kajak kostet 9 Euro. Vielleicht finden sich ein paar Mitfahrer? Im Vierer sind Sie mit nur 12 Euro dabei! *Paddeln ab 9 Euro/Std. | April–Sept. Mo–Fr ab 12, Sa, So ab 10 Uhr, So–Do 18–2, Fr, Sa 18–5 Uhr | Vor dem Schlesischen Tor 2 a | Tel. 0178/ 950 01 13 | www.arena-berlin.de/ableger | U 1 Schlesisches Tor | Kreuzberg*

AUSSICHTEN

FRANZÖSISCHER DOM **[138 C4]**

Einen tollen Blick über Berlin haben Sie von der frisch restaurierten Kuppel des 1701–05 für die Hugenotten erbauten Doms am Südende des Gendarmenmarkts. 254 Stufen müssen Sie erklimmen, bis Sie die grandiose Aussicht über die ganze Stadt genießen können. Schilder an der Brüstung zeigen wo sich Museumsinsel oder Gedächtniskirche befinden. *Eintritt 2,50 Euro | Tgl. 10–19 Uhr | Gendarmenmarkt 7 | Tel. 20 30 60 | U 2, 6 Stadtmitte | Mitte*

KREUZBERG **[157 F4]**

Nirgends können Sie besser den Sonnenuntergang genießen als auf dem Hausberg des gleichnamigen Stadtteils. Für ein Picknick erklimmen auch die Berliner gerne den 60 m hohen Hügel und hoffen, dass es oben beim Schinkeldenkmal für die Siege in den Befreiungskriegen nicht zu voll wird. Doch ein freies Plätzchen findet sich eigentlich immer. Und so packen Stadtromantiker Pizza, Döner und Rotwein aus und bewundern den Himmel über Berlin. *U 6, 7 Mehringdamm | Kreuzberg*

PARK INN HOTEL **[151 D1]**

Wem der Besuch des Fernsehturms (10,50 Euro Eintritt!) am Alexanderplatz zu teuer ist, hat gegenüber einen fast genauso guten Blick. Im 40. Stock des Park Inn Hotels gibt es nämlich eine Aussichtsplattform im Freien. Der Eintrittspreis ist deutlich günstiger, das gilt teilweise auch für die Getränke. Wer länger bleiben will, nimmt im Liegestuhl Platz. *Eintritt 3 Euro | April–Sept. tgl. 14–22 Uhr, Okt.–März 12–18 Uhr bei gutem Wetter | Alexanderplatz | Tel. 238 90 | U-/S-Bahn Alexanderplatz | Mitte*

REICHSTAGSKUPPEL **[149 F2]**

Steigen Sie dem Deutschen Bundestag aufs Dach und genießen Sie die Aussicht über das Regierungsviertel, den Tiergarten und die Berliner Mitte. Kosten: Null Euro! Ein bisschen Geduld sollten Sie allerdings mitbringen, denn die Schlange vor

CLEVER!

> Kostenlose Kultur auf Festivals

Eigentlich wird in Berlin ständig etwas gefeiert und manchmal dauern die Festivals gleich mehrere Wochen. Das Museumsinsel-Festival etwa bereichert die historische Mitte von Juli bis September mit internationalen Kulturveranstaltungen. Lesungen, Kino und Konzerte finden u. a. umsonst und draußen im Lustgarten vor dem Alten Museum (S. 31) statt. Zum Fest der Deutschen Einheit am 3. Oktober gibt es jährlich ein kostenloses Konzert am Brandenburger Tor mit bekannten Bands, und im Spätherbst ist das Festival of Lights ein Publikumsmagnet. Lichtkünstler illuminieren wichtige Sehenswürdigkeiten und projezieren Bilder und Farben an die Fassaden. Beliebt sind auch die Berliner Märchentage, das größte Märchenfestival der Welt, mit vielen kostenlosen Lesungen im November. Infos zu den einzelnen Events unter *www.berlin.de/kultur-und-tickets/events/, www.museumsinselfestival.info*

dem Eingang ist häufig sehr lang (ca. 30–45 Min. Wartezeit). Wer sich das Anstehen schenken will, sollte im Restaurant Käfer einen Tisch reservieren. Feiern Sie mit einer zwar nicht ganz preiswerten Tasse Kaffee (3,30 Euro) oder einem Glas Orangensaft (3,50 Euro) Ihre Ankunft in Berlin. Vorher oder nachher können Sie die gläserne Kuppel erklimmen und den Abgeordneten beim Diskutieren im darunter gelegenen Plenarsaal des Deutschen Bundestags zuschauen. *Eintritt frei | tgl. 8–24 Uhr, letzter Einlass 22 Uhr | Platz der Republik | Tel. 22 73 21 52 | Restaurant: Tgl. 9–16.30 u. 18.30–24 Uhr, Frühstück 9–10.30 Uhr* | Tel. 226 29 90 | *www.feinkost-kaefer.de | U 55 Bundestag | Tiergarten*

SOLAR **[150 A5]**

Fahren Sie mit einem gläsernen Fahrstuhl in den 22. Stock und genießen Sie den tollen Ausblick über die Stadt. Ein Gläschen Mineralwasser (2,20 Euro) sollten Sie aber wenigstens im Bar-Restaurant, das sich dort befindet, bestellen. Im Solar kann man mittags vergleichsweise günstig essen (Hauptgericht ab 5 Euro). Abends ist die Bar eine Etage höher beliebt. Auf bequemen Loungemöbeln vor deckenhohen Fenstern liegt Ihnen Berlin zu Füßen. *Eintritt frei | Mo–Do 12–2, Fr 12–4, Sa 18–4, So 18–2 Uhr | Stresemannstr. 76 | Tel. 0163/765 27 00 | www.solar-berlin.de | S 1, 2, 25 Anhalter Bahnhof | Kreuzberg*

Insider Tipp

BEAUTY & WELLNESS

HAIRTIE **[152 C1]**

So günstig ist kaum ein anderer Friseur in Berlin! Für nur rund 5 Euro werden Herren (ohne Waschen) die Haare geschnitten, einen Damenschnitt kostet ca. 10 Euro (mit Haarwäsche). Eine Dauerwelle wird schon für ca. 25 Euro gelegt. Sie müssen keinen Termin machen, dafür warten Sie, wenn der Laden voll ist, eine halbe Stunde. Filialen gibt es u. a. in Spandau (Klosterstr. 12) und Schöneberg (Hauptstr.97). *Mo–Sa 9–20 Uhr | Frankfurter Allee 60 | Tel. 47 59 50 42 | www.hairtie.de | U 5 Samariterstraße | Friedrichshain*

JUNGBRUNNEN **[146 C4]**

Wer sich zu zweit verschönern lassen möchte, kann in diesem Kosmetiksalon kräftig sparen. Zwei Personen zahlen nämlich nur den 1½-fachen

Preis. Eine einstündige Hautanalysebehandlung mit Peeling und Reinigung kostet dann pro Person nur ca. 22 Euro. *Mo–Fr 9–20 Uhr | Kaiserdamm 8 | Tel. 36 43 48 00 | www.jungbrunnen-berlin.de | U 2 Kaiserdamm | Charlottenburg*

NIVEA HAUS [138 C3]

Im Beautysalon des Kosmetikunternehmens können Sie sich für wenig Geld verwöhnen lassen. Eine 20-minütige Gesichtsbehandlung, inklusive Getränk, kostet nur 19 Euro. Und wer nach dem Shoppen verspannt ist, kann sich für 12 Euro zehn Minuten lang an Nacken und Schultern massieren lassen, ebenfalls inklusive Kaffee, Wasser oder Tee. Alle Anwendungen können Sie auch ohne Voranmeldung buchen. *Mo–Sa 10–21 Uhr | Unter den Linden 28 | Tel. 01805/60 50 40 (14 Ct./Min. aus d. dt. Festnetz) | S 1, 2, 25 Brandenburger Tor | Mitte*

RELAX ZONE [141 D5]

Sie leiden unter Nackenschmerzen? Ein Boxenstop im Massagesalon bringt Sie wieder auf Trab! Zehn Minuten kosten nur 10 Euro, jede weitere Minute 1 Euro. Bei akuten Kopfschmerzen hilft die Entspannungsbehandlung der kurzen Nackenmuskeln (15 Min./15 Euro). Massagen ohne Voranmeldung. *Di–Fr 12–20, Sa 11–18, Tgl. 10–22 Uhr | Schönhauser Allee 43 a | Tel. 0157/77 91 65 43 | U 2 Eberswalder Straße | Prenzlauer Berg*

SHISEIDO [156 B1]

Im KaDeWe bietet die Kosmetikfirma Shiseido Beratungsgespräche, Computer-Hautanalyse, Make-Up-Training und entspannende Gesichts- bzw. Handmassagen. Das alles ganz unverbindlich und vor allem kostenlos. Unbedingt vorher reservieren. *Mo–Fr 10–20 Uhr, Sa 9–16 Uhr | Tauentzienstr. 21–24 | Tel. 218 73 89 | www.shiseido.de | U 1, 2 Wittenbergplatz | Schöneberg*

STADTNATUR

GÄRTEN DER WELT [161 E3]

Hier lernen Besucher jahrtausende alte Gartenkunst kennen: Original chinesische, japanische, balinesische und orientalische Gärten faszinieren mit exotischen Pflanzen und Düften. Stundenlang kann man durch die prachtvollen Grünanlagen schlendern, im chinesischen Teehaus an einer

Teezeremonie teilnehmen oder sich im Labyrinth und Irrgarten verlaufen. *Mitte Nov.–Mitte März Eintritt 2 Euro, erm. 1 Euro, Mitte März–Mitte Nov. 3 Euro, erm. 1,50 Euro | April–Sept. tgl. 9–20 Uhr, März, Okt. tgl. 9–18 Uhr, im Winter bis 16 Uhr | Eisenacher Str. 99 | Tel. 700 90 66 99 | Bus 195 Erholungspark Marzahn | Marzahn*

GRUNEWALD **[160 C3]**

Der 3000 Hektar große Grunewald bietet nicht nur alte Eichen und weit ausladende Kiefern sondern auch das Umweltzentrum Ökowerk, den Teufelssee zum kostenlosen Baden sowie im Winter eine der besten Rodelhügel nördlich der Alpen: den Teufelsberg. Beeindruckend ist auch die große Sanddüne in einer Senke südwestlich vom S-Bahnhof Grunewald. Hier können Sie prima picknicken. Das Ökowerk am Ufer des Teufelsees bietet u. a. spannende Naturführungen (2–4 Euro). Eine Ausstellung zum Thema Wasser kostet 2,50 Euro Eintritt (erm.1 Euro), der Besuch des Kräuter- und Bauerngartens ist kostenlos. Achtung: Der Teufelssee ist

Insider Tip

CLEVER!

> Stadtrundfahrt für wenig Geld – BUS 100

Die **Buslinie 100** eignet sich prima für eine Stadtrundfahrt, da sie an allen Sehenswürdigkeiten vorbeiführt – eine günstige Art, die City zu erkunden (Ticket 2,10 Euro). Vom Bahnhof Zoo geht es an der Gedächtniskirche vorbei Richtung Botschaftsviertel, dann weiter zu Siegessäule, Schloss Bellevue – der Amtssitz des Bundespräsidenten – dann am Reichstag und Brandenburger Tor entlang bis zum Fernsehturm am Alexanderplatz. Natürlich fahren die Busse auch in umgekehrter Richtung und man kann am Alexanderplatz starten. Steigen Sie unterwegs aus, wo es Ihnen gefällt, der nächste Bus kommt bald. Tagsüber fährt die Linie im 5-Minutentakt. Neu ist ein Audioguide zu den Sehenswürdigkeiten auf der Strecke, den Sie aus dem Internet herunterladen können *(www.culture-to-go.com)*. Zwar kostet der Guide 6,50 Euro, aber dafür bekommen Sie auch viele Infos, gesprochen von bekannten Berlinern.

das Eldorado der Nackbadenden! *Ökowerk-Ausstellung: Di–Fr 9–18 Uhr, im Winter 10–16 Uhr | S 7 Grunewald | Grunewald*

NATURPARK SCHÖNEBERGER SÜDGELÄNDE [161 D4]

Robinienwald und Spazierwege auf ehemaligen Fernbahntrassen, ein verfallenes Stellwerk, davor eine Liegewiese: Auf dem Gelände des ehemaligen Rangierbahnhofs Tempelhof ist ein herrlich verwunschener Park mit Wildrosen und Sand-Strohblumen entstanden. Sonntags um 9 Uhr bietet der Bund für Umwelt und Naturschutz (BUND) von April bis September eine interessante Führung zu seltenen Vögeln und Pflanzen. Der Eingang befindet sich am S-Bahnhof Priesterweg. *Eintritt 1 Euro, Führungen 5 Euro, erm. 3,50 Euro | Tgl. 9–20 Uhr, im Winter bis 17 Uhr | Tel. 787 90 00 | www.gruen-berlin.de | S 2, 25 Priesterweg | Tempelhof*

TIERGARTEN [148–149 B-E2-4]

sider
ipp

Kostenlose Freilichtkonzerte mit Klassik und Jazz finden im Sommer im Englischen Garten statt, dem nordwestlichen Teil des Tiergartens. Auf den umliegenden Wiesen können Sie entspannt der Musik zuhören und auf einer Decke oder Parkbank picknicken. Wunderschön zum Luftholen in aller Ruhe ist der Rosengarten im südöstlichen Teil des Parks. Neben dem Haus der Kulturen der Welt, einem Kulturzentrum der Bundesregierung, grillen türkische, kurdische oder griechische Großfamilien, und es wird häufig auch gefeiert und getanzt. Das 42 m hohe Carillion im Nordosten des Parks ist das größte Glockenspiel Europas. Kostenlose Konzerte gibt es von Mai bis September sonntags um 15 Uhr. *Eintritt frei | Freiluftkonzerte im Englischen Garten: Juli, Aug. Sa ab 17, So ab 15 Uhr | Termininfos unter Tel. 21 75 23 51, | www.konzertsommer.info | S 7, 8, 75 Bellevue | Tiergarten*

VOLKSPARK FRIEDRICHSHAIN [145 E-F5]

In den ältesten Berliner Volkspark zieht es besonders junge Leute und Familien aus den Szenebezirken Prenzlauer Berg und Friedrichshain. Für Kinder ab zehn Jahren ist die Halfpipe im nördlichen Teil spannend, Ältere spielen nebenan eine Partie Tennis auf den öffentlichen Plätzen oder auch Beachvolleyball.

Inlineskates, Bälle und Schläger kann man sich am Schwanenteich ausleihen. Außerdem gibt es viele Spielplätze, ein Freilichtkino sowie einen großen Biergarten. Tipp: Unbedingt den Märchenbrunnen am westlichen Parkeingang anschauen. Die Grimmschen Figuren, aus denen Wasserfontänen spritzen, sind etwas Besonderes. *Straße am Friedrichshain | Tennisplatzvermietung, Sportgeräte-Verleih Tel.0162/162 61 66 | Tram M 8 Platz der Vereinten Nationen | Friedrichshain*

STADTTOUREN

Insider Tipp

ALTERNATIVE BERLIN [139 F3]

Diese Stadttour führt Sie u. a. in Ateliers von Berliner Künstlern, zur Skatehalle (S. 39) und vielen Plätzen, wo Sie die junge Szene Berlins kennenlernen können. Die Stadtführer reichen nach der ca. fünfstündigen Tour den Hut herum und sammeln Spenden ein. Jeder gibt, was ihm die Tour wert war. Achtung: nur auf Englisch! *Teilnehmerpreis Spende | Tgl. 11, 13 Uhr | Treffpunkt: Starbucks-Café am Alexanderplatz | Panoramastr. 1 | Tel. 0162/819 82 64 | www.alternativeberlin.com | U-/S-Bahn Alexanderplatz | Mitte*

MAUERSTREIFZÜGE

Zweimal im Monat lädt der Grünen-Europaabgeordnete Michael Cramer Während der Sommersaison (Mai–Sept.) zum Radeln auf dem Mauerweg ein. Dabei wird nicht nur die Geschichte der Teilung aufgearbeitet, sondern auch zünftig im Biergarten gerastet. Zu jedem Termin wird ein anderes Stück der Stadtgrenze erkundet. Geschichte hautnah! *Teilnahme kostenlos | Termine im Internet unter www.michael-cramer.eu/berliner_mauerweg oder Tel. 22 77 84 11*

NEUBERLINER RADTOUREN

Kostenlose Stadtführungen mit dem Fahrrad bietet der Allgemeine Deutsche Fahrrad Club (ADFC) regelmäßig für Zugezogene. Natürlich können auch Berlinbesucher teilnehmen, Vorrausetzung ist der Besitz eines Fahrrades, das man sich vorher natürlich auch günstig mieten kann, etwa bei Next-Bike (S. 15). *Teilnahme kostenlos | Infos zu den Touren unter Tel. 448 47 24 | www.radundtouren.de*

NEW BERLIN GRATISTOUR [138 A3]

Für Erstbesucher der Stadt bietet sich die klassische Tour durch Berlins Mitte an: Unter den Linden, Gendar-

Bild: Berliner Künstler zeigen ihr Atelier bei der Alternative-Berlin-Tour

menmarkt, Reichstag, Museumsinsel und Potsdamer Platz werden zu Fuß erkundet und ausführlich erläutert, (unbedingt bequeme Schuhe anziehen!). Die deutschsprachige Tour startet täglich am Brandenburger Tor (vor dem Starbucks Café). Bezahlen müssen Sie am Ende der rund 3½-stündigen Tour, bei der auch Pausen gemacht werden, nur das, was Sie wollen und können. *Teilnehmerpreis Spende | tgl. 11 Uhr | Pariser Platz 4 | Tel. 51 05 00 30 | www.newberlintours.com | S 1, 2, 25 Brandenburger Tor | Mitte*

CLEVER!

> Schifffahrt mit der Fähre

Die Berliner fahren nicht nur Bus und Bahn, auch Schiffe verkehren im täglichen Liniendienst. Die sechs Fähren können mit ganz normalen BVG- oder S-Bahntickets benutzt werden (auch Rabattkarten). So können Sie etwa mit der Fähre F 10 herrlich über den Wannsee nach Kladow schippern. Hin und zurück sind sie rund eine Stunde unterwegs. Anleger am S-Bahnhof Wannsee, *Infos zu Fahrzeiten unter Tel. 194 49, www.bvg.de, S 1, 7 Wannsee*

> www.marcopolo.de/berlin

SCHÖNEBERG-TOUR [161 D4]

Ein Ort des Schreckens und der Gewalt – das SA-Gefängnis Papestraße ist Thema einer Gratis-Führung, die regelmäßig vom Museum Schöneberg-Tempelhof angeboten wird. Auch Touren zum Schwerbelastungskörper, den Hitler 1941 bauen ließ, um zu testen wie belastbar der Boden unter der geplanten neuen Hauptstadt Germania wohl ist, stehen auf dem Programm. *Teilnahme kostenlos | Termine im Internet unter www.museentempelhof-schoeneberg.de oder Tel. 902 77 61 63 | Tempelhof*

Insider Tipp

SPORT & OUTDOOR

BADEN IM TEGELER SEE [161 C2–3]

Gleich mehrere schöne Badestellen laden zum kostenlosen Schwimmen im sauberen See ein. Schatten spenden Uferbäume und nur ein paar aufdringliche Schwäne auf Futtersuche stören ab und zu das Idyll. Und so kommen Sie hin: Vom U-Bahnhof Tegel folgen Sie der Fußgängerzone und Straße Alt-Tegel bis zum Tegeler See. An der Greenwichpromenade rechts halten und immer am Ufer entlang gehen. Über die rote Sechser-Brücke, dann links dem Uferweg weiter folgen. Nach ca. 15 Minuten kommt die Villa Borsig in Sicht, in der das Auswärtige Amt der Bundesregierung Diplomaten ausbildet. Haben Sie die Villa passiert, sind Sie fast da. Noch etwa 5 Minuten, und der erste von einer ganzen Reihe wilder Strände liegt vor Ihnen. *U 6 Alt-Tegel | Reinickendorf*

BADESCHIFF [141 D5]

Für nur 3 Euro können Sie sich einen ganzen Tag im Schwimmbad mit Club und Cocktailbar vergnügen. Ein gewässertes Schubschiff wurde einfach mit Schwimmbadfolie ausgekleidet, fertig ist der Pool am Spreeufer. Der Sandstrand vor dem Becken ist im Sommer allerdings sehr voll. Nachteil: Mitgebrachte Speisen und Getränke werden nicht gern gesehen. *Eintritt 3 Euro, erm. 2 Euro | Mai–Sept. tgl. 8–24 Uhr | Eichenstr. 4 | Tel. 53 32 03 82 | www.badeschiff.de | S 8, 9, 41, 42 Treptower Park | Treptow*

BEACHVOLLEYBALL

Der Lieblingssportart der Berliner können Sie in fast allen Parks der Stadt frönen. Die schönsten kostenlosen Anlagen befinden sich im Volkspark Friedrichshain (S. 45) sowie im Ernst-Ludwig-Jahn-Sportstadion [144 C2]. Voraussetzung ist der Besitz eines Balls. Sollten Sie keinen dabei haben, können Sie auch einen Platz mieten, etwa im Beach Mitte [144 A4], Europas größter Beachvolleyball-Anlage mit über 60 Plätzen. Ein Spielfeld kostet zwar 12 Euro pro Stunde. In der Regel finden Sie hier aber schnell weitere Mitspieler, mit denen Sie sich die Kosten teilen können. *Platzmiete 12 Euro/Std., Ball 1 Euro | Mai–Sept. tgl. ab 10 Uhr | Caroline-Michaelis-Str. 8 | Tel. 280 68 61 | www.beachmitte.de | S 1, 2, 25 Nordbahnhof | Mitte*

CITY-JOGGING [152 B4]

Sie wollen sich mal so richtig austoben und die Stadt nebenbei entdecken? Wie wäre es mit einem Jogging-Tour entlang der Spree? Alles was Sie brauchen, sind ein paar Joggingschuhe und etwas Kondition. Vom Schloss Bellevue bis zum Alexanderplatz bietet ein hübscher Uferweg die ideale Fitnesstrecke. Unterwegs passieren Sie u. a. den Hauptbahnhof (S. 10) und das Regierungsviertel (S. 17). Auch die Museumsinsel (S. 31) liegt auf Ihrem Weg. Unter *www.scc-events.com/training/*

strecken finden Sie noch weitere Jogging-Strecken, die an vielen Sehenswürdigkeiten vorbeiführen.

KLETTERN [152 B3]

Senkrecht in die Höhe kraxeln ist in Berlin ein sehr beliebter Zeitvertreib, über ein Dutzend Kletterwände locken Bergsteiger an. Zum Beispiel in Friedrichhain: 75 verschiedene Routen bietet dort der fast 20 m hohe Betonkegel eines ehemaligen Bunkers. Kletterschuhe, Seil, Gurt und Karabiner können ausgeliehen werden. Wer zu zweit klettert, zahlt pro Person nur 7,50 Euro (statt 10 Euro) für die Ausrüstung. *Eintritt 3 Euro, erm. 2 Euro | Mo 14–23 Uhr, Di–Fr 12–23 Uhr, Sa, So 11–23 Uhr | Revaler Str. 99 | www.derkegel.de | U-/S-Bahn Warschauer Straße | Friedrichshain*

SEGELSCHULE HERING [160 C4]

Sie wollten schon immer mal mit einem Boot auf Berlins größtem Fluss, der Havel, kreuzen? Während der Sommersaison lädt die Segelschule freitags ab 18 Uhr für nur 5 Euro zum Probesegeln ein. Geübt wird nördlich der Insel Schwanenwerder. Unbedingt vorher anmelden! *Am Großen Fenster | Grunewald | Tel. 861 07 01 | www.segelschule-hering.de | S 1, 7 Nikolassee | Zehlendorf*

STADTBAD MITTE [144 B4–5]

Über sechzig Bäder laden in Berlin zum regelmäßigen Schwimmen ein. Eines der schönsten ist das Stadtbad Mitte (Bj. 1930), die erste überdachte Schwimmhalle Europas. Schwimmer fühlen sich hier wie in einem riesigen Treibhaus mit 50-m-Bahn, Glaswänden und Glasdach. Im Haus befindet sich auch eine günstige Sauna mit von Max Pechstein gestalteten Fenstern. *Tageskarte 4 Euro, erm. 2,50 Euro, 6.30–7.30 Uhr u. 20–21.30 Uhr Einheitstarif 2,50 Euro, Sauna 8 Euro, erm. 6,50 Euro (2 Std.) | Öffnungszeiten tel. erfragen | Gartenstr. 5 | Tel. 018 03/10 20 20 (9 Ct./Min. aus d. dt. Festnetz) | www.berlinerbaederbetriebe.de | S 1, 2, 25 Nordbahnhof | Mitte*

Insider Tip

STRANDBAD WANNSEE [160 C4]

Europas größtes Binnenseebad (Bj. 1907) sollten Sie sich nicht entgehen lassen. Mit Promenade (Cafés, Imbissbuden), Strandkorbvermietung, 1,2 km langem Sandstrand und Wasserrutschen fühlt man sich hier fast wie an der Ostsee. Wer abends ab halb sechs Uhr kommt, zahlt nicht mehr den vollen Eintrittspreis, sondern nur noch die Hälfte. Dann ist es auch deutlich leerer, und Sie haben viel Platz im Wasser und am Strand. *Eintritt 4 Euro, erm. 2,50 Euro, Abendtarif 2 Euro | Ostern–Sept. Mo–Fr 10–19 Uhr, Sa, So 8–20 Uhr | Wannseebad 5 | Nikolassee | S 1, 7 Nikolassee | Zehlendorf*

SUN YOGA **[158 A3]**

Bei diesem Spezial-Yoga fließt der Schweiß in Strömen: 40 Grad Raumtemperatur sollen Entspannung und Entschlackung fördern. Die Teilnehmer trinken während des Kurses mindestens 2 l Wasser, die jeder mitbringen muss. Nichtmitglieder können für nur 10 Euro zwei Kurseinheiten (je 90 Minuten) innerhalb von zehn Tagen besuchen, der Verleih einer Yoga-Matte inklusive. Keine Anmeldung erforderlich. Ein zweites Studio befindet sich in der Torellstraße 7 (Friedrichshain). *Preis für 2 Termine (innerhalb 1 Woche) 10 Euro | Mehringdamm 33 | Tel. 69 56 55 22 | www.sunyoga.de | U 6, 7 Mehringdamm | Kreuzberg*

Für nur 5 Euro können Sie auf der Havel Bötchen fahren mit der Segelschule Hering

> Günstig essen können Sie an vielen Orten der Hauptstadt. Doch wo es auch so richtig lecker schmeckt, der Service nett ist oder die Location einen Besuch wert, das wissen oft nicht einmal die Berliner. Aber wir!

Natürlich können Sie sich den ganzen Tag von Brötchen ernähren und dazu Limo aus dem Supermarkt trinken, doch günstiger als eine warme Mahlzeit beim Fleischerimbiss (S. 62) oder in einer asiatischen Nudelküche (S. 58) ist das nicht unbedingt. Kaum eine Stadt in Europa hat so viel preiswerte Restaurants und Imbissbuden zu bieten wie Berlin. Sogar in Gourmetrestaurants (S. 68) können Sie mittags relativ preiswert Sterne-Kochkünste genießen. Und wer mit dem manchmal etwas kargen Ambiente einer Kantine oder Mensa (S. 58) nicht hadert, wird auch dort zum kleinen Preis prima satt und lernt vielleicht gleich noch ein paar Einheimische kennen. Ob Currywurstbude, Markthalle oder Suppenküche – Sie werden begeistert sein von der kulinarischen Vielfalt für wenig Geld. Wir wünschen guten Appetit!

CAFÉS

BÖSE BUBEN BAR [138 B1]

Keine Bar, sondern ein Café mit einfachem Bistromobiliar und Büchern zum Lesen. Ganz in der Nähe des

ESSEN & TRINKEN

Regierungsviertel gelegen, können Sie hier günstig frühstücken, am Wochenende lockt z. B ein leckeres Frühstücksbüfett für 5,50 Euro. Unter der Woche gibt es jeden Tag eine große Portion Eintopf für 4 Euro. *Tgl. ab 9 Uhr | Marienstr. 18 | Tel. 27 59 69 09 | U-/S-Bahn Friedrichstraße | Mitte*

CINEMA CAFÉ **[139 E1]**

Das älteste Kaffeehaus am Hackeschen Markt ist gemütlich eingerichtet mit Omas Sofas und altem Esstischmobiliar. An den Wänden hängen unzählige Fotos von Filmen und Gästen. Der Kaffee schmeckt so lala, dafür ist der Cappuccino mit 2 Euro günstig. Eine knackige Bockwurst mit Brot kriegt man schon für 2,80 Euro serviert. Im Sommer gibt es Biergartentische im Hof. *Tgl. ab 12 Uhr | Rosenthaler Str. 39 | Tel. 280 64 15 | S 5, 7, 9, 75 Hackescher Markt | Mitte*

CIRCUS CAFÉ **[144 B4]**

Hier frühstücken die Gäste des gleichnamigen Hostels, aber auch Gäste von außerhalb sind gern gesehen. Eine Tasse Kaffee kostet nur 1 Euro! Und ein Frühstück bekommen Sie schon für 2,50 Euro serviert, das morgendliche all–you-can-eat-Büfett (bis 13 Uhr) kostet schlappe 5 Euro. Internationales Flair durch Publikum aus aller Welt. *Tgl. 8.30–21 Uhr | Weinbergsweg 1 a | Tel. 28 39 14 33 | www.circus-berlin.de | U 8 Rosenthaler Platz | Mitte*

KAFFEELADEN [152 B2]

In dem kleinen gemütlichen Stübchen gibt es Espresso für 1 Euro, zu dem man ohne zu fragen ein Glas Wasser bekommt. Die Muffins für 1,20 Euro sehen nicht nur gut aus, sondern schmecken auch. Retro-Einrichtung mit 1970er-Jahre-Tapeten und Bistromobiliar. Hier trifft sich gerne die junge Friedrichshainer Boheme, um den Nachmittag zu vertrödeln. *Di–So 10–20 Uhr | Simon-Dach-Str. 41 a | Tel. 29 04 89 16 | U 5 Frankfurter Tor | Friedrichshain*

MEILENSTEIN [139 E2]

Studenten, Touristen und die Huren von der Oranienburger kehren gerne ein, um einen Teller dampfende Suppe (3,50 Euro) zu essen oder sich für 4,90 Euro ein Frühstück zu gönnen (bis 17 Uhr). Lecker ist auch das hausgemachte Schmalz mit frischem Kürbiskernbrot für 3,70 Euro. *Tgl. 12–2 Uhr | Oranienburger Str. 7 | Tel. 282 89 95 | www.meilenstein-berlin.de | S 7, 9, 75 Hackescher Markt | Mitte*

Insider Tipp MORGENBROT [152 B1]

Eigentlich eine Bäckerei, aber an den Stehtischchen kann man auch vor Ort frische Schoko-Croissants für 60 Cent oder ein lecker belegtes Ciabatta für ca. 1,10 Euro genießen, dazu einen Pott Kaffee für 1 Euro – besser kann eine Pause in Friedrichshain kaum gelingen. *Mo–Sa 7–17 Uhr, im Sommer bis 19 Uhr | Boxhagener Str. 117 | Tel. 0163/132 20 42 | U 5 Frankfurter Tor | Friedrichshain*

NIESEN [144 B1]

So günstig kann man am Mauerpark sonst nirgendwo einkehren: der Espresso für 1 Euro, Frühstück ab 2 Euro oder Holunderblütensirup für 1,70 (0,3 l) Euro, dazu liegt eine Auswahl Zeitungen aus. Milch, Brot, Honigkuchen und Apfelsaft stammen sogar aus ökologischer Herstellung. Selbstbedienung und altes Mobiliar machen die Minipreise möglich. Tipp für sonnige Tage: die schöne Südterrasse. *April–Okt. tgl. 10–22 Uhr, Nov.–März tgl. 10–20 Uhr | Korsörer Str. 13 | kein Tel. | U-/S-Bahn: Schönhauser Allee | Prenzlauer Berg*

TU-HOCHHAUS [136 C1]

Kaffee mit Ausblick! Im 20. Stockwerk eines Hochhauses mit Fakultäten der Technischen Universität können Sie günstig Kaffee aus dem Automaten trinken (Selbstbedienung), Kuchen zu Bäckerpreisen schlemmen und dabei die prima Aussicht auf Siegessäule und Brandenburger Tor genießen. Am Wochenende geschlossen. *Mo–Fr 9–17 Uhr | Ernst-Reuter-Platz 7 | U 2 Ernst-Reuter-Platz | Charlottenburg*

WEINEREI [144 C4]

Der Kaffee geht für 1 Euro über den Tresen, selbst gebackener Kuchen kostet dasselbe, Sie können aber auch mehr zahlen, denn hier gibt jeder, was er für angemessen hält. Ausrangierte Sessel und Sofas nebst Wohnzimmertischen nehmen junge wie sparsame Zeitgenossen dabei gerne in Kauf. Abends gibt es jeweils ein Gericht, deftige Küche wie Schweinebraten mit Rosenkohl. Häufig sehr voll und manchmal nicht sehr sauber. *Mo–Sa 10–24, So 11–24 Uhr | Veteranen-/Ecke Fehrbellinerstr. | Tel. 440 69 83 | Tram 12 Zionskirchplatz | Mitte*

WOHNZIMMER [201 D5]

Ein Renner ist das Kaffeegedeck für 2,50 Euro mit Bio-Croissant und ei-

CLEVER!

> Gutscheinhefte - zwei zum Preis von einem

Wer länger in der Stadt ist und plant, viele Restaurant zu besuchen, sollte sich ein Gutscheinheft kaufen. Unter dem Motto „Zwei Gerichte zum Preis von einem" können Sie so in vielen Lokalen der Stadt kräftig sparen. Zum Beispiel mit der Get2Card für 20 Euro. Diese gilt sieben Tage und hilft nicht nur beim Essen und Trinken die Ausgaben zu halbieren, sondern garantiert auch beim Ausgehen und Eintritt zu vielen Kulturveranstaltungen Ermäßigungen. Die Karte ist online erhältlich oder an verschiedenen Berliner Vorverkaufskassen, z. B. an der Theaterkasse im Bahnhof Friedrichstraße *(Georgenstr. 14–18, Mitte* [138 C2]) oder an der Theaterkasse im KaDeWe *(S. 69). Infos unter Tel. 438 09 80, www.get2card.de.* Wer öfter in Berlin weilt: Die Speisecard (30 Euro) ist ein Jahr lang gültig und gewährt bei 90 verschiedenen Berliner Restaurants und Bars bis zu 20 Prozent Rabatt. *www.speisecard.de*

Insider Tipp

nem Heißgetränk. Wer lieber Selbstmitgebrachtes essen will, kann sich ebenfalls häuslich niederlassen, Besteck und Teller werden kostenlos bereitgestellt! Getränke müssen allerdings geordert werden. Das Sammelsurium an Omas Möbeln, gemixt mit modernen Lampen und Bier aus der Flasche erfreut sich besonders unter jungen Anwohnern großer Beliebtheit. Es gibt auch ein extra Zimmer für Raucher. *Tgl. 9–4 Uhr | Lettestr. 6 | Tel. 445 54 58 | Tram 12 Raumer Straße | Prenzlauer Berg*

ZIMT & ZUCKER [138 B2]

Ein Paradies für Schleckermäuler: Frische Waffeln mit Zimt und Zucker (3,60 Euro) oder Arme Ritter (3,90 Euro) bekommen Sie in dem gemütlichen Altbaucafé noch um 20 Uhr, und auch das reichhaltige Frühstück für 5,80 Euro wird bis zum Abend serviert. Ein guter Ausgangspunkt für Touren ins benachbarte Regierungsviertel oder die quirlige Friedrichstraße. *Tgl. 9.30–22 Uhr | Schiffbauerdamm 12 | Tel. 81 01 08 58, | www.zimtundzucker.com | U-/S-Bahn Friedrichstraße | Mitte*

IMBISS

BURGERMEISTER [152 A3]

Die besten Burger weit und breit werden unter der Hochbahntrasse in einem ehemaligen Pissoir verkauft. Für ca. 3,60 Euro bekommen Sie eine riesige Portion Hackbrötchen mit Salat und leckerer Soße. Die Delikatesse hat allerdings ihren Preis, nämlich häufig bis zu 20 Minuten Wartezeit, bis man endlich dran ist. *Tgl. ab 11 Uhr | Oberbaumstr. 8 | kein Tel. | U 1 Schlesisches Tor | Kreuzberg*

CURRY 36 [158 A2]

Lange Schlangen zeugen vom super Preis-Leistungsverhältnis dieser Wurstbude. Die Curry-Variante kostet schlanke 1,50 Euro, Pommes dazu bekommen Sie für 1,30 Euro und wer eher auf solide Kost steht, nimmt die Erbsensuppe mit Würstchen für 2,50 Euro. Gegessen wird im Stehen, und das bis tief in die Nacht. *Mo–Fr 9–4, Sa 10–4, So 11–3 Uhr | Mehringdamm 36 | kein Tel. | U 6, 7 Mehringdamm | Kreuzberg*

FRANZISKUS HOFLADEN [136 B3]

Die Zutaten zu den deftigen Suppen und Gerichten stammen von brandenburgischen Bauernhöfen, gegessen wird an Stehtischen. Wer in seinem Apartment eine Kochgelegenheit hat, kann Fleisch und Gemüse im Laden kaufen. Täglich wechselnder Mittagstisch (4–6 Euro), eine große Portion Eintopf kostet 2,50 Euro. *Mo–Fr 11.30–16 Uhr | Mommsenstr. 9 | Tel. 88 67 51 76 | S 5, 7, 9, 75 Savignyplatz | Charlottenburg*

LUXA [145 D5]

Frische Falafel mit Salat für nur 2,50 Euro, dazu kostenlosen Tee soviel Sie mögen – nach einem Kneipenbummel entlang der Torstraße können Sie sich hier bestens auf orientalische Art stärken. Am Fenster haben Sie einen prima Blick auf das Getümmel der großen Kreuzung vor der Tür. *Tgl. 10–1 Uhr | Torstr. 56 | Tel. 0171/187 11 10 | U 2 Rosa-Luxemburg-Platz | Mitte*

MARKTHALLE MARHEINEKEPLATZ [158 B3] Insider Tipp

13 verschiedene Imbissstände unter einem Dach – da kommt Appetit auf. Wer günstig in ein Bio-Hüftsteak (8 Euro) beißen will, ist hier genauso richtig wie Liebhaber der guten alten

Macht satt: Arme Ritter für 3,90 Euro essen im Zimt & Zucker am Schiffbauerdamm

Bockwurst mit Brot für nur 1 Euro. Vegetarier werden mit Salaten und Falafel glücklich. Nachteil: Sitzplätze gibt es nur draußen (bei schönem Wetter). Drinnen wird an Stehtischen gegessen. *Mo–Fr 8–20 | Sa 8–18 Uhr | Marheinekeplatz | Tel. 398 96 10 | U7 Gneisenaustraße | Kreuzberg*

MUSTAFAS GEMÜSE-KEBAP [158 A2–3]
Vegetarier haben endlich einen Grund einen türkischen Imbiss zu besuchen. In die Brottasche wird statt Kalb- oder Hühnerfleisch gegrilltes Gemüse und Salat gefüllt. Auch Schafskäse schmeckt, der freundliche Verkäufer erfüllt alle Wünsche zum kleinen Preis (ca. 2,50 Euro). Da der Verkehr des Mehringdamms unmittelbar vorbei braust, sollte man sich das Essen lieber einpacken lassen und am Kreuzberg (S. 40) picknicken. *Mehringdamm 32 | kein Tel. | www.mustafas.de | U 6, 7 Mehringdamm | Kreuzberg*

ROSENTHALER [144 B4]
Guter Döner-Kebap (2,50 Euro), aber auch das Grillhähnchen mit Pommes und Salat (3,80 Euro) ist beliebt. Sie sitzen wie in einem geräumigen Restaurant im mediterranen Stil, allerdings mit Selbstbedienung. Pizza, Börek und Pide werden im Steinofen gebacken. *Tgl. 10–2 Uhr | Torstr. 125 | Tel. 28 39 09 28 29 | U8 Rosenthaler Platz | Mitte*

SHOW-ME [158 A3]
Im Stil einer schlichten Nudelbar gehalten, wie sie in China häufig zu finden sind, werden täglich wechselnde Gerichte (ca. 5 Euro) und Nudelsuppen (ca. 2,50–5,50 Euro) angeboten, ein Nudelmeister bereitet die Teigtaschen frisch zu. Exotisch: Espresso mit Zitronensaft (1,80 Euro). *Tgl. 11–24 Uhr | Mehringdamm 40 | Tel. 78 89 01 80 | www.showmenudelbar.de | U 6, 7 Mehringdamm | Kreuzberg*

KANTINEN UND MENSEN

CASINO BERLINER ENSEMBLE [138 C2]
Schauspieler stärken sich mit einem Szegediner Gulasch oder einer Thüringer Rostbratwurst mit Kartoffelpürree. Die deftige Hausmannskost für 2,50–5 Euro im Souterrain des Theateranbaus wird aber auch für Sie gekocht. Vier verschiedene Gerichte stehen täglich zur Auswahl, die an der Essensausgabe abgeholt werden

müssen. In gemütlicher Bistro-Atmosphäre kann man sich bis 24 Uhr seinen Hunger stillen und sich unter Künstler und Theatergäste mischen. *Tgl. 9–24 Uhr | Bertold-Brecht-Platz 1 | Tel. 28 40 80 | U-/S-Bahn Friedrichstraße | Mitte*

KANTINEN FISKUS [151 D3]

Kleines, persönlich geführtes Selbstbedienungslokal mit Stammkunden aus den Büros der Nachbarschaft. Das Essen ist deftig (ca. 3–4,50 Euro), drei verschiedene Gerichte – darunter ein vegetarisches – stehen täglich zur Auswahl. Am besten schmecken die Eintöpfe. Eine kleine Terrasse im Innenhof lädt zum Draußensitzen ein. *Mo–Fr 8–14.30 Uhr, Mittagessen ab 11.30 Uhr | Rungestr. 19 | Tel. 26 55 57 31 | U 8 Heinrich-Heine-Straße | Mitte*

sider ipp

KUK KANTINE IM ABGEORDNETENHAUS [138 A5]

Den Berliner Abgeordneten auf der Spur! In der KuK Kantine gibt es sehr gute Hausmannskost (ca. 3,90–5,50 Euro), die erstaunlich leicht wirkt und teilweise mit Biozutaten zubereitet wird. Kleiner Haken: Abgeordnete und Mitarbeiter des Hauses werden bevorzugt bedient zwischen 11.30 und 13 Uhr. An Sitzungstagen des Berliner Abgeordnetenhauses ist die Kantine von 11.30 bis 13.15 Uhr für Besucher geschlossen. Tipp: Sie können hier auch günstig frühstücken, und vielleicht setzt sich ein bekannter Berliner Politiker an ihren Tisch. *Mo–Do 8.30–16 Uhr, Mittagessen 11.30–15 Uhr, Fr 8.30–15 Uhr, Mittagessen 11.30–14 Uhr | Niederkirchnerstr. 5 | Tel. 23 25 19 45 | www.kuk-berlin.de | U-/S-Bahn Potsdamer Platz | Mitte*

MENSA NORD [143 F5]

Die hungrigen Studenten und Angestellten der Humboldtuniversität lieben die gesundheitsbewusste Küche ihrer Mensa. Aber auch Besucher sind hier jederzeit willkommen. Serviert wird Exotisches wie Kokoshuhn und zusätzlich jeden Tag ein Bioessen (ca. 2–5 Euro). Im Sommer lockt die schöne Terrasse. Der Haken: Bezahlung ist nur bargeldlos mit der Mensacard (Aufladung ab 5 Euro) möglich, die sie am Eingang an einem Automaten kaufen können. Fragen Sie am besten einen Studenten oder Studentin, ob er oder sie Ihr Essen mitbezahlt und geben Sie ihm/ihr das

Geld bar. *Mo–Fr 8–18 Uhr, Mittagessen 11.15–14.30 Uhr | Hannoversche Str. 7 | U 6 Naturkundemuseum | Mitte*

SCHILDKRÖTE **[159 D3]**

Gut essen und gleichzeitig etwas für die Berliner Jugend tun: Das Projektrestaurant Schildkröte bildet perspektivlose Jugendliche zu Köchen und Küchenpersonal aus. Diese zaubern täglich ein gutes 2-Gänge-Menü für 5,50 Euro. Hauptgerichte gibt es ab 4 Euro. Gemischtes Publikum mit vielen Gästen aus der Kreuzberger Nachbarschaft, schlichte, zweckmäßige Einrichtung. *Di–Fr 11.30–14.15 Uhr | Boppstr. 7 | Tel. 93 95 66 55 | U 8 Schönleinstraße | Kreuzberg*

Insider Tipp **SCHMUCK´S RESTAURATION** **[151 D3]**

Das Backhendl mit Pommes (ca. 4,50 Euro) ist ein Traum, aber auch sonst ist die Kantine mittags eine der besten Adressen, um schnell und günstig essen zu gehen. Die Besitzerin kommt aus der Steiermark, weshalb es hier nicht nur regelmäßig Tafelspitz und Wiener Gulasch gibt, sondern auch den besten Apfelstrudel weit und breit. Schlichte, zweckmäßige Einrichtung. *Mo–Fr 11.30–14.30 Uhr | Am Köllnischen Park 1 | Tel. 22 33 65 17 | U 8 Heinrich-Heine-Straße | Mitte*

THEATERKANTINE IN DER VOLKSBÜHNE **[151 D1]**

Hier speisen vor allem Schauspieler und Techniker des Theaters, aber auch Gäste sind willkommen. Die Kantine mit derben Holztischen ist zwar nicht gerade für kulinarische Meisterleistungen bekannt, aber wer solide Hausmannskost (ca. 2,80–4,10 Euro) mag, wird glücklich. Prima sind die italienischen Kaffeespezialitäten und der hausgebackene Kuchen. Einfach beim Pförtner klingeln, dann links eine Treppe abwärts. Die Kantine befindet sich im Souterrain. *Tgl. 8–24 Uhr, Mittagessen 11.30–14 Uhr | Linienstr. 227 | Tel. 284 08 11 72 36 | U 2 Rosa-Luxemburg-Platz | Mitte*

RESTAURANTS

AMPELMANNRESTAURANT **[139 E2]**

Günstig essen am Ufer der Spree! Das kinderfreundliche Lokal in den S-Bahnbögen hat die besten Mittagspreise weit und breit: Alle Pizzen oder ein täglich wechselndes Hauptgericht kosten dann nur 5 Euro, eine Kinderpizza sogar nur 2,50 Euro. Ein Hit für Kinder sind die Ampelmannnudeln mit Tomatensoße für 2,50 Euro. Dazu gibts einen sehr freundlichen Service, im Sommer auch draußen mit Blick auf die Spree. *Tgl. 12–24 Uhr | Am Monbijou-Park | Tel. 84 71 07 09 | www.ampelmann.de | S 5, 7, 9, 75 Hackescher Markt | Mitte*

CRÊPERIE BRETONNE **[159 E2]**
Die allseits bekannte Crêpe-Variation mit Zucker und Zimt (ca. 3 Euro) gibt es zwar auch, aber es wäre schade, es dabei zu belassen: Gefüllte hauchdünne Pfannkuchen mit Käse, Schinken und Tomaten ergeben ein prima und gleichzeitig güns-

Im Ampelmannrestaurant beim Hackeschen Markt können Sie prima Pizza und Pasta essen

tiges (ca. 5 Euro) Abendessen, oder wie wäre es mit der Variante Roquefort und Walnüssen (6,50 Euro)? Dazu wird natürlich Cidre und Calvados getrunken. Schlichte Holztische, freundliche Bedienung. *Di–So 16–23 Uhr | Reichenberger Str. 30 | Tel. 60 03 11 92 | www.creperiebretonne-berlin.de | U 1, 8 Kottbusser Tor | Kreuzberg*

Insider Tipp

CUM LAUDE [138 C3]

Ein echter Geheimtipp: Im Restaurant der Humboldt-Universität können auch Besucher Platz nehmen. Wer keinen Mensa-Lärm verträgt und trotzdem in der Nähe der Uni hungrig wird, isst hier gut und preiswert – besonders mittags, da kostet das Tagesgericht ca. 5,50 Euro. Zum Beispiel gefüllte Hähnchenkeule mit Basilikum-Schwarzwurzelragout und Pestokartoffeln. Tipp: der leckere und sehr reichhaltige Sonntagsbrunch für 8,90 Euro, inklusive Kaffee oder Tee. *Mo–Sa 8.30–24 Uhr, Sa 12–23 Uhr, So 11.30–20 Uhr, So Brunch 11–15 Uhr | Universitätsstr. 4 | Tel. 208 28 83 | www.cum-laude.info | S-/U-Bahn Friedrichstraße | Mitte*

CLEVER!

> Essen in der Fleischerei

Es gibt sie noch, die Fleischer mit Imbiss, in denen man günstig und so gut wie ehemals bei Mutter satt wird. In der *Fleischerei Naesert (Mo–Fr 8–18 Uhr | Karl-Marx-Allee 68 | Tel. 249 57 76 | U 5 Straußberger Platz | Friedrichshain* [151 F2]*)* etwa wartet Eisbein mit Erbspüree oder ungarisches Kesselgulasch auf hungrige Gäste – und das zum günstigen Imbisstarif von ca. 4 Euro. Lecker sind auch die deftigen Eintöpfe *(*2 Euro*)*. Ideal nach einem Spaziergang über die Kar-Marx-Allee, Berlins interessantesten Boulevard. Handfeste Hausmannskost zum kleinen Preis gibt es auch in der *Fleischerei Domke (tgl. 8–22 Uhr | Warschauer Str. 64/Ecke Kopernikusstr. | Tel. 291 76 35 | U-/S-Bahn Warschauer Straße | Friedrichshain* [152 B2]*)*. Zum Beispiel Blutwurst mit Stampfkartoffeln und Sauerkraut für 3,50 Euro. Und das selbst am Wochenende bis 22 Uhr! Eine gute Grundlage für eine Kneipentour im Friedrichshainer Szenekiez.

DEFNE [159 D2]

Das türkische Restaurant am Landwehrkanal punktet mit leckeren und günstigen Grillgerichten, Suppen und Weinen aus Anatolien. Die Einrichtung ist schlicht und mediterran inspiriert, im Sommer lockt der Biergarten unter Bäumen. Vegetarier werden ebenfalls glücklich, zum Beispiel mit einer roten Linsensuppe nach anatolischer Art, serviert mit Pide für nur 3 Euro. *Tgl. ab 18 Uhr, im Sommer ab 12 Uhr | Planufer 92 c | Tel. 81 79 71 11 | www.defne-restaurant.de | U 8 Schönleinstraße | Kreuzberg*

DINEA RESTAURANT [139 F2]

Der Ausblick auf den Alexanderplatz vom Obergeschoss des Kaufhofs ist grandios. Obendrein wird in dem Selbstbedienungsrestaurant solide Küche aus aller Welt für rund 5–8 Euro (bezahlt wird nach Gewicht) geboten. Die moderne, freundliche Einrichtung, lässt vergessen, dass man sich in einem Kaufhaus befindet. Tipp: Die zweite Tasse Kaffee kostet nur 50 Cent! *Mo–Mi 9.30–20 Uhr, Do–Sa 9.30–22 Uhr | Alexanderplatz 9 | Tel. 24 74 30 | U-/S-Bahn Alexanderplatz | Mitte*

FRAROSA [144 C4]

Jeden Abend wird ein 4-Gänge-Menü serviert, das man sich selber zusammen stellen kann. Dazu gibt es passable Weine. Die Einrichtung ist einfach und könnte auch vom Sperrmüll stammen, dafür zahlt jeder auch nur das, was er für angemessen hält. Mittags gibt es Festpreise. *Tgl. ab 12 Uhr | Zionskirchstr. 40 | Tel. 65 70 67 56 | Tram 12 Zionskirchplatz | Mitte*

GAMBRINUS [144 A5]

Berliner Küche, wie sie besser und deftiger kaum sein kann: Hier bekommen Sie Kasseler oder Eisbein mit Erbspüree für nur 8,90 Euro. Wer es einfacher mag, nimmt die Currywurst für 2,50 Euro oder die gute alte Bulette mit Zwiebeln und Brot für 3 Euro. Gemütliches Lokal mit Kneipencharakter. *So–Do 12–24 Uhr, Fr–So 12–4 Uhr | Linienstr. 26 | Tel. 282 60 43 | www.gambrinus-berlin-mitte.de | U 6 Oranienburger Tor | Mitte*

JIMMY WOO [159 E3]

Donnerstags ab 20.30 Uhr finden Dinnerparties für nur 10 Euro statt, und die überwiegend jungen Gäste genießen ein exotisches 3-Gänge

Menü aus der vietnamesisch-laotischen Küche. Aber auch an den anderen Tagen lohnt ein Besuch, allein schon wegen den hervorragenden Suppen (ca. 3 Euro). Gemütliche Atmosphäre mit trashigen Bruce-Lee-Plakaten an den Wänden. Im Sommer lockt die Terrasse. Tipp: Insider Tipp Gäste, die vorher reservieren, erhalten Getränke günstiger! *Tgl. ab 12 Uhr | Friedelstr. 24 | Tel. 0176/25 35 62 05 | www.jimmy-woo.de | U 7, 8 Hermannplatz | Neukölln*

JOSEPH ROTH DIELE **[149 E5]**

Schlicht und deftig, aber gut, ist das Motto dieser Kneipenküche. Schnitzel, Gulasch und Eintöpfe sind nicht nur preiswert, sondern auch lecker (ca. 4–8 Euro). Wer lieber Stullen mag, kann zwischen vielen verschiedenen Varianten wählen, die Schmalzstulle kostet nur 1,80 Euro. *Tgl. 10–24 Uhr | Potsdamer Str. 75 | Tel. 26 36 98 84 | www.joseph-roth-diele.de | U 1 Kurfürstenstraße | Tiergarten*

KANTINA VON HUGO **[159 E3]**

Das kleine Restaurant mit mediterraner Küche hält für Gourmets Schnäppchen bereit: Ein 5-Gänge-Menü kostet mit Wein und Café nur ca. 25 Euro! Dafür gibt es u. a. Datteln im Speckmantel, Palmfrüchte mit Gorgonzola, Kaninchen in Honigsoße und zum Dessert Pecorino mit Früchten. Authentisch: Die schlichte Einrichtung mit verputzten Wänden und Fliesen als Zierde. *Mo–Sa 11–23 Uhr | Friedelstr. 31 | Tel. 87 33 14 23 | U 7, 8 Hermannplatz | Neukölln*

MANNGO **[139 F1]**

Vietnamesischen Nudelsuppen (ca. 3–4 Euro), Shrimps in Reispapier mit Erdnusssoße und den besten frisch ausgepressten Fruchtsäften (0,3 l ca. 2–3 Euro) weit und breit hält das winzige Lokal für seine Gäste bereit. Schlichtes, jedoch gemütliches Ambiente mit freundlichem Service. Trotz der teuren Lage preiswert und gut. *Mo–Fr 12–24 Uhr, Sa 16–24 Uhr | Mulackstr. 29 | Tel. 28 04 05 58 | www.manngo.de | U 8 Weinmeisterstraße | Mitte*

MERCAN **[159 E2]**

Türkische Hausmannskost in einfacher, aber sehr gastfreundlicher Atmosphäre: Besonders beliebt sind die weißen Bohnen, gegrilltes Gemüse,

Lammgerichte, Buletten und Milchreis nach türkischer Art. Preisschnäppchen: das täglich wechselnde Menü mit Hauptgericht, Salat und wahlweise Tee oder Wasser für nur 6 Euro. *Tgl. 11–22 Uhr | Wiener Str. 10 | Tel. 61 28 58 41 | U-Bahn: Görlitzer Bahnhof | Kreuzberg*

NORD SUD [139 D1]

In diesem einfachen französischen Lokal, serviert man Ihnen für nur 7,50 Euro ein dreigängiges (!) Menü. Wer keinen Käse mag, wird hier allerdings nicht ganz glücklich. Die französischen Camemberts dominieren die Raumluft und riechen für empfindliche Nasen sehr streng. Dafür gibts einen freundlichen Wirt, der auch selber am Herd steht. *Mo–Sa 11–24 Uhr | Auguststr. 87 | Tel. 97 00 59 28 | U 6 Oranienburger Tor | Mitte*

RASTSTÄTTE GNADENBROT [156 C2]

Im Selbstbedienungsrestaurant Raststätte Gnadenbrot gibt es deftige deutsche Küche zum fairen Preis, z. B. Kalbsgulasch mit Knödeln und Rotkohl für 4,90 Euro. Ein Hit sind

CLEVER!

> *Schlemmen unter Bäumen: Picknick im Park*

Günstiger geht's nicht: Kaufen Sie einfach im Supermarkt alles ein, was Sie für ein ordentliches Picknick brauchen. Zum Beispiel Kartoffelsalat, Buletten, Spreewälder Gurken und Fladenbrot. Dazu Fassbrause, Bier oder Berliner Weiße und fertig ist das kalte Büfett à la Berlin. Die schönsten Picknickplätze befinden sich auf dem Kreuzberg (S. 40) im Tiergarten (S. 45) oder im Volkspark Friedrichshain (S. 45). In letzterem gibt es am Schwanenteich einen Biergarten *(Schönbrunn | März–Sept. tgl. ab 12 Uhr | Tel. 453 05 65 25* [203 D2]*)*, wo Sie als Ergänzung preiswert Pizza oder Bier ordern können. Cool ist auch ein Picknick oben in der Kuppel vom Reichstag (S. 41). Nach gelungenem Aufstieg, können Sie sich hier auf den Bänken niederlassen und Ihr ganz persönliches Gipfelfest feiern, z. B. zünftig mit belegten Broten und Kaffee aus der Thermoskanne. Glasflaschen sind allerdings nicht erlaubt.

die dreigängigen Mittagsmenüs für 7,50 bis 8,50 Euro. Ideal für Nachtschwärmer: Warme Mahlzeiten erwarten Sie am Wochenende bis 1 Uhr nachts, werktags bis Mitternacht. Hier fühlen Sie sich wie in einer Autobahngaststätte mit Karodeckchen auf dem Tisch – kultig! *Tgl. ab 12 Uhr | Martin-Luther-Str. 20 a/Ecke Motzstr. | Tel. 21 96 17 86 | U 1, 2 Nollendorfplatz | Schöneberg*

SPAGHETTI WESTERN [144 B5]
Cooles Lokal mit derben Holztischen, Szenepublikum und schlichten, aber leckeren Pastagerichten. Die Soßen sind alle hausgemacht, Pasta mit Tomaten und Basilikum gibt es schon für 5 Euro. Auch sehr lecker: ein großer Ruccolasalat mit Birnenscheiben und Peccorino für 7,90 Euro. Zum Mittagstisch wird ein Softgetränk gratis gereicht. *Mo–Fr ab 12, Sa ab 18 Uhr | Torstr. 179 | Tel. 24 61 19 62 | www.spaghettiwestern.de | S 1, 2, 25 Oranienburger Straße | Mitte*

SUSURU [139 CF]
Diese Suppen machen garantiert satt: Zahlreiche Variationen der japanischen Udon-Nudelsuppe werden für 6–8 Euro aufgetischt. An großen weißen Tischen mit Bonsai-Gestecken können Sie aber auch japanische Tapas (ca. 3 Euro) genießen, etwa Teigtaschen mit Shrimpsfüllung oder Edamame – Sojabohnen mit grobem Meersalz. Probieren sollten Sie unbedingt den hausgemachten Ingwereistee für nur 2,20 Euro (0,4 l!). Das coole Design der Suppenbar ist preisverdächtig! *Tgl. 11.30–22.30 Uhr | Rosa-Luxemburg-Str. 17 | Tel. 211 11 82 | www.susuru.de | U 2 Rosa-Luxemburg-Platz | Mitte*

TAVERNA APOLLON [145 E3]
Zum günstigen Mittagstarif (5,30 Euro) können Sie von Montag bis Freitag ein Gericht Ihrer Wahl essen. Lecker ist die Spezial Plato Saloniki mit Souvlaki, Gyros, Lammkotelett und Rinderleber mit Salat. Zur Rechnung gibt es einen kleinen Schnaps auf Kosten des Hauses. Gemütliche Einrichtung im typischen Tavernendesign, freundliche Bedienung. *So–Do 12–24, Fr, Sa 12–1 Uhr | Danziger Str. 72/Ecke Prenzlauer Allee | Tel. 442 61 04 | Tram M 2 Danziger Str./Ecke Prenzlauer Allee | Prenzlauer Berg*

Bild: Im schicken Susuru werden japanische Tapas und Suppen serviert

Sie möchten die Sterne-Restaurants der Stadt erkunden, ohne dabei arm zu werden? Probieren Sie einfach die Mittagsmenüs, einige Gourmetrestaurants bieten dann ein wesentlich günstigeres Angebot als am Abend, und das bei derselben Qualität. Die Weine sind nicht günstiger, weshalb Sie es bei einem Glas belassen sollten. In der Schlemmeretage vom KaDeWe und Galeries Lafayette sitzen Sie zwar nur an Tresen, dafür sind Edel-Sushi und Hummer preiswerter als im Gourmetrestaurant.

FACIL [149 E4]

Mittags wird im 1-Sterne-Lokal von Küchenchef Michael Kempf leckere Rotbarbe mit Taschenkrebs, Papaya und grünem Curry für 18 Euro serviert, ein dreigängiges Menü ist schon für 41 Euro (abends ca. 80 Euro) zu haben. Highlight der gediegenen Restaurant-Einrichtung ist das Dach, das im Sommer wie beim Cabriolet teilweise weggeschoben werden kann. Sie speisen dann unter freiem Himmel! *Mo–Fr 12–15, 19–23 Uhr | Potsdamer Str. 3 | Tel. 590 05 12 34 | U-/S-Bahn Potsdamer Platz | Tiergarten*

FISCHERS FRITZ [138 C3]

Im 2-Sterne-Restaurant von Küchenchef Christian Lohse können Sie in einem sehr festlichen Ambiente bereits ab 19 Euro u. a. Filet von der Rotbarbe mit provenzalischem Kartoffelpüree und Safran-Krustentierjus genießen. Zwei Gänge kosten mittags nur 28 Euro, drei Gänge 39 Euro (abends 95 Euro). Die Abendkarte bietet allerdings mehr Auswahl. *Tgl. 12–14 Uhr, 18.30–22.30 Uhr, Charlottenstr. 49 | Tel. 20 33 63 63 | www.fischersfritzberlin.de | U 6 Französische Straße | Mitte*

GALERIES LAFAYETTES [138 C4]

Im Untergeschoss des französischen Kaufhauses erwartet Sie ein Schlaraffenland aus französischen Spezialitäten, die Sie auch gleich vor Ort genießen können. Wie wäre es etwa mit einer Portion Weinbergschnecken (9,95 Euro) oder warmen Ziegenkäse im Speckmantel (9,95 Euro)? Sie können auch Austern schlürfen (Stück ca. 2 Euro) und dazu ein Glas Champagner (ca. 5 Euro) goutieren. Die Atmosphäre ist ein wenig unruhig, weil ringsum Kunden ein-

LUXUS LOW BUDGET

kaufen, dafür sind die Spezialitäten im Vergleich zum Edel-Restaurantbesuch günstig. *Mo–Sa 10–20 Uhr | Französische Str. 23 | Tel. 20 94 82 80 | www.galeries lafayette.de | U 6 Französische Straße | Mitte*

KADEWE [137 E4]

Die Schlemmeretage des Nobelkaufhauses ist weltberühmt! Hier haben Sie die Wahl zwischen dreißig verschiedenen Gourmetständen. Internationale Stars, u. a. Paul Bocuse und Lenôtre aus Frankreich, haben Dependancen. Die Lenôtre-Torten (Stück ca. 5 Euro) sind ein Traum! Auch Sushi können Sie in hervorragender Qualität (ca. 14 Euro) genießen. Oder wie wäre es mit einem ganzen Hummer für nur ca. 25 Euro? *Mo–Do 10–20, Fr 10–21, Sa 8–19, Sa 9.30–20 Uhr | Tauentzienstr. 21–24 | Tel. 212 10 | www. kadewe.de | U 1, 2 Wittenbergplatz | Schöneberg*

ROGACKI [136 A1]

Berlins Schnäppchen-Edelimbiss: Hier können Sie Austern essen, 3 Stück plus ein Glas Wein (0,2 l), für ca. 6,65 Euro, oder einen halben Hummer mit Baguette (je nach Gewicht ca. 10 Euro). Auch sehr lecker: italienische Scampipfanne mit Pinien-und Sonnenblumenkernen für 8,90 Euro! Die Umgebung ist allerdings nicht ganz so edel: Sie bestellen am Tresen und sitzen auf Hockern. *Mo–Mi 9–18, Do 9–19, Fr 8–19, Sa 8–16 Uhr | Wilmersdorfer Str. 145–146 | Tel. 343 82 50, www.rogacki.de | U-/S-Bahn Charlottenburg | Charlottenburg*

VAU [138 C4]

Fernseh- und Gourmetkoch Kolja Kleeberg ist ein Meister seines Fachs und außerdem sehr gastfreundlich. Das schlicht gehaltene Ambiente des 1-Sterne-Lokals mit Thonet-Freischwingern und moderner Kunst passt zu Kleebergs geradliniger Menüpolitik. Mittags kostet ein Gang nur 15 Euro, und manchmal serviert Kleeberg auch persönlich etwa Wildschwein im „Schlafrock“ mit Maronenvelouté oder Tagliatelle mit Rehragout. *Mo–Sa 12–14.30, 19–22.30 Uhr | Jägerstr. 54–55 | Tel. 202 97 30 | www.vau-berlin.de | U 6 Französische Straße | Mitte*

Schnäppchenstadt, Flohmarktparadies und Outlet-City – Berlin kann sich mit vielen Titeln brüsten. Fakt ist: Beim Shoppen können Sie hier viel Geld sparen

Ein Paar Designerschuhe für unter 50 Euro, dazu den passenden Anzug oder eine edles Abendkleid für unter 100 Euro? Günstig einkaufen können Sie in Berlin an vielen Orten. Die Dichte an Shoppingcentern ist enorm, und dementsprechend groß ist die Konkurrenz der Einzelhändler, die mit Sonderangeboten locken. Aber so richtig Geld sparen können Sie, wenn Sie einen etwas weiteren Weg in Kauf nehmen und zu den Fabrikverkäufen und Outletcentern (S. 75) am Stadtrand fahren. Oder wie wäre es mit einem Outfit aus zweiter Hand? Berlin hat eine Vielzahl an Secondhand-Shops (S. 79) und Flohmärkten (S. 72), wo Sie nach Herzenslust stöbern können und mitunter Markenkleidung zum winzigen Preis erstehen können. Das gilt übrigens auch für Edelmarken wie Gucci und Co, die in Luxus-Secondhand-Shops (S. 82) gehandelt werden. Lassen Sie sich einfach vom Angebot überraschen. Bei derart niedrigen Preisen kann man auch mal etwas mitnehmen, was man nicht unbedingt braucht. Der neue Mantel für 50 Euro war vielleicht nicht unbedingt notwendig, aber er sieht sehr gut aus.

SHOPPEN

DIES & DAS

BLACKDOORBEAUTY [152 B2]

Schmuck ab 1 Euro! In diesem Laden finden Sie eine riesige Auswahl an Ohrringen, Ketten und anderem Modeschmuck. Auch Buttons und Aufnäher gibt es mit vielfältigen Motiven, weshalb sich hier mitunter ganze Schulklassen tummeln. *Mo–Sa 10–20 Uhr | Kopernikusstr. 7a | Tel. 54 71 90 98 | U-/S-Bahn Warschauer Straße | Friedrichshain*

LUXUS INTERNATIONAL [144 C3]

Geschenke finden leicht gemacht: Souvenirs von Berliner Designern kriegen Sie hier schon ab 2 Euro, etwa Buttons mit „Berlin liebt dich"-Motiv oder Fotomagneten mit Fernsehturm. Eine Plätzchen-Backform Brandenburger Tor gibt es für 7 Euro. Der Laden eignet sich auch prima, um einfach nur zu schauen und zu staunen, was sich Berliner Designer so alles einfallen lassen! *Tgl. 11–20 Uhr | Kastanienallee 101 | Tel. 44 32 48 77 62 | www.luxus-international.de | U 2 Eberswalder Straße | Prenzlauer Berg*

OSTPAKET [139 F2] Insider Tipp

Kost the ost – das Sortiment dieses Ladens macht jedem DDR-Museum für Alltagskultur Konkurrenz. Die Produkte stammen zum großen Teil aus Betrieben, die es zu DDR-Zeiten schon gab. Wir wäre es mit Nudossi Nuss-Nougatcrème für 1,60 Euro? Vom kultigen Plastikeierbecher im Huhndesign bis zur Gewürzseife aus Riesa für jeweils 1 Euro ist alles dabei. Auch Lebensmittel und Hausrat aus den „Bruderländern“ Rumänien, Bulgarien und Ungarn werden zu Schnäppchenpreisen verkauft. *Mo–Fr 10–19 Uhr | Karl-Liebknecht-Str. 13 (im Berlin-Carré) | Tel. 71 55 39 06 | www.ostpaket-berlin.de | U-/S-Bahn Alexanderplatz | Mitte*

FLOHMÄRKTE

ARKONAPLATZ [144 C3]

DDR-Nostalgiker finden hier so manches Relikt aus alten Zeiten, vorzüglich aus den sanierten Altbauten rundum. Bücher, Schallplatten und Hausrat sind dabei die Schwerpunkte. Das Publikum ist jung und urban gestylt. Wer nichts kauft, lässt sich blicken, um Freunde zu treffen und um im Anschluss in einer der Szene-Cafés in der Nähe ein spätes Frühstück zu verdrücken. *So 10–16 Uhr | Arkonaplatz | Tel. 0171/710 16 62 | www.troedelmarkt-arkonaplatz.de | U 8 Bernauer Straße | Mitte*

BOXHAGENER PLATZ [152 C2]

Der kleine Flohmarkt im Szenekiez mit fairen Preisen und jungem Publikum aus der Umgebung glänzt durch eine erstaunliche Vielfalt. Vom Hausrat bis zu Designer-T-Shirts können Sie hier alles kaufen. An sonnigen Tagen versammelt man sich in den Cafés am Platz, um dem Treiben der Gelegenheitshändler zuzuschauen. *So 10–18 Uhr | Boxhagener Platz | Tel. 0177/827 93 | www.boxhagenerplatz.de | U 5 Samariterstraße | Friedrichshain*

FLOHMARKT AM MAUERPARK [144 C2–3] Insider Tipp

Partyzone und Trödel: Der größte Flohmarkt der Stadt lockt mit einem volksfestähnlichen Charakter. Musiker spielen, Bratwürste duften und Nachwuchsdesigner bieten ihre neusten Kreationen an. Die Preise sind relativ niedrig, Feilschen gehört zum Geschäft. Klamotten und alte Schallplatten sind der Renner, aber auch Schmuck verkauft sich gut. *So 10–17 Uhr | Mauerpark, Eberswalder Straße | Tel. 0176/29 25 00 21 | www.mauerparkmarkt.de | U 2 Eberswalder Straße | Prenzlauer Berg*

HALLENTRÖDELMARKT TREPTOW [152 B4]

In zwei großen Fabrikhallen geht es zu wie auf einem orientalischen Basar. Profihändler sitzen eingepfercht zwischen Autorreifen, Messing-Türschlössern, Stehlampen aus den letzten Jahrzehnten, Omas Porzellan und vielem mehr, was der Haushalt so gebrauchen kann. Feilschen gehört zum Einkaufen dazu wie die Bratwurst am Hallenimbiss. Ein echtes Erlebnis! *Sa, So 10–18 Uhr | Puschkinallee/Am Flutgraben | S 8, 9 Treptower Park | Treptow*

Insider Tipp

NACHTFLOHMARKT **[161 E4]**

Wenn es dämmrig wird, geht auf diesem Flohmarkt im Transformatorenwerk Oberschöneweide erst richtig die Post ab. Auf über 8000 m² wechseln coole T-Shirts, alte Bratpfannen und Opas Orden die Besitzer. Bis zu zweihundert Händler sind in den alten Industriehallen vor Ort. *Jeder 3. Sa 15–23 Uhr, genaue Termine tel. erfragen | Wilhelminenhofstr. 83–85 | Eintritt 2 Euro | Tel. 0351/336 03 20 | www.projektzentrum.com | Tram 27 Firlstraße | Oberschöneweide*

TRÖDELMARKT AM 17. JUNI **[137 E1]**

Der Klassiker unter den Berliner Flohmärkten punktet besonders mit Antiquitäten und Hausrat der letzten hundert Jahre zum teilweise recht

Kunterbunte Auswahl im Hallentrödelmarkt Treptow an der Spree

günstigen Preis. Wer seltene CDs und Schallplatten sucht, hat ebenfalls die große Auswahl. Nebenan verkaufen Berliner Künstler ihre Werke auf dem großen Kunstmarkt. *Sa, So 10–17 Uhr | Straße des 17. Juni | Tel. 26 55 00 96 | www.berliner-troedelmarkt.de | S 5, 7, 9, 75 Tiergarten | Charlottenburg*

MODE

Insider Tipp

HALL OF FAME [145 D1]

Kleiner feiner Laden mit Berliner Mode: Mäntel, Kostüme und Hosen werden zu fairen Preisen (ab 50 Euro) verkauft. Rund 16 Berliner Designer, sorgen mit kreativen Schnitten und ungewöhnlichen Stoffen für nie versiegenden Nachschub. Der Laden fungiert gleichzeitig auch als Netzwerk für junge Designer im Prenzlauer Berg. *Mo–Fr 12–19, Sa 12–16 Uhr | Stargarder Str. 11 | Tel. 44 71 56 46 | U-/S-Bahn Schönhauser Allee | Prenzlauer Berg*

PECCATO [152 C2]

Erstaunlich günstig können Sie hier Strickpullover, Jacken und Accessoires (ab ca. 20 Euro) in dem im

CLEVER!

> Versteigerungen

Auktionshäuser versteigern nicht nur Kunst oder Immobilien, sondern auch Fundsachen, zum Beispiel aus dem Fundus der BVG oder des Zentralen Fundbüros. Viermal im Jahr versammeln sich Hobby-Trödler und Profi-Händler, um gefundene Mopeds, Kinderwagen, Koffer mit Inhalt, Fahrräder, Schmuck und Brille zu ersteigern. Lukrativ sind auch die Versteigerungen der Stiftung Warentest. Viermal im Jahr können Sie bei Auktionen getestete Fahrräder, Uhren oder Bohrmaschinen zum Schnäppchenpreis ersteigern. *Zentrales Fundbüro* **[158 A4]**: *Platz der Luftbrücke 6 | Tel. 902 77 31 01 | U 6 Platz der Luftbrücke | Tempelhof ; BVG-Fundbüro* **[157 D3]**: *Potsdamer Str. 180–182 | Tel. 194 49 | U 7 Kleistpark | Schöneberg; Stiftung Warentest* **[156 C5]**: *Werdauer Weg 23 (Goindustry Auction Center) | Tel. 263 10 | ww.test.de/unternehmen/versteigerungen | S 1,41, 42, 46 Schöneberg | Schöneberg*

klassisch englischen Stil eingerichteten Laden erstehen. Frauen, die Wert auf dezente Mode legen, kleiden sich hier von der Unterwäsche bis zum Schuh komplett ein und werden dabei fachkundig beraten. Eine Filiale befindet sich in der Oderberger Straße 43 (Prenzlauer Berg). *Simplonstr. 6 | Tel. 20 07 88 96 | www.peccato.de | S-/U-Bahn Warschauer Straße | Friedrichshain*

WHO KILLED BAMBI? **[144 C2]**
Mode für wilde Hilden mit Hang zu schrillen Tops, T-Shirts und Kleidern. Kunstlederjacken und Röhrenjeans vervollständigen das Rockerdasein in der City. Dazu gibt es viele Accessoires, und fast alles kostet weniger als 50 Euro. Jede Menge Sonderangebote, z. B. ein Schal für 5 Euro. *Mo–Sa 12–20 Uhr | Eberswalder Str. 26 | Tel. 48 49 45 74 | www.whokilledbambi.org | U 2 Eberswalder Straße | Prenzlauer Berg*

OUTLET & FABRIKVERKAUF

BECON BERLIN **[161 E3]**
Anzüge direkt vom Hersteller werden im Fabrikverkauf der Firma Becon an den Mann gebracht. Außerdem gibts das passende Drumherum, wie Mäntel, Pullover und Accessoires im klassisch eleganten Stil. Auch für Frauen wird Businessmode angeboten. Sie sparen beim Einkauf 30–70 Prozent des normalen Ladenpreises. Ein Outlet-Verkauf mit Becon-Mode der letzten Saison befindet sich in Charlottenburg, Kaiserdamm 38. *Mo–Fr 10–19, Sa 10–15 Uhr | Eldenaer Str. 35 | Tel. 29 34 52 94 | S 41, 42 Storkower Straße | Lichtenberg*

EVELIN BRANDT **[152 C1]**
Hübsche Kleider der letzten Saison finden Frauen im Outlet-Shop der Berliner Modedesignerin Evelin Brandt. Schnitte, die ein bisschen der Mode der 1950er-Jahre ähneln, kombiniert mit dezenten Farben und qualitativ hochwertigem Material finden besonders Frauen jenseits der 35 klasse. Bis zu 50 Prozent Rabatt! *Mo–Fr 10–19 Uhr, Sa 10–18 Uhr | Frankfurter Allee 69 | Tel. 42 01 19 79 | www.evelin-brandt.de | U 5 Samariterstraße | Friedrichshain*

G-STAR OUTLET BERLIN **[161 D4]**
Die coolen Jeans und Jacken der holländischen Marke können Sie hier bis zu 50 Prozent günstiger kaufen. Der kleine aber lösbare Haken: Um

Einlass zum Outletcenter zu erhalten, muss man eine Mitgliederkarte beantragen *(Anfrage bitte per E-Mail an: outlet-berlin@g-star.com)*, die 3 Euro kostet. *Mo–Fr 11–20, Sa 10–19 Uhr | Nunsdorfer Ring 2–10 | Tel. 24 63 20 24 | S 2 Buckower Chaussee | Marienfelde*

KPM WERKSVERKAUF **[137 E1]**
Edle Teller und Tassen zum Top-Preis gibt es in bester Citylage in der Nähe des Tiergartens. Die kunstvoll bemalten Stücke der Berliner Königlich Preußischen Porzellanmanufaktur können Sie, wenn Sie kleine Schönheitsfehler nicht stören, mit bis zu 40 Prozent Rabatt einkaufen. Außerdem werden in dem Traditionsunternehmen Restposten zu Schnäppchenpreisen angeboten. *Tgl. 10–18 Uhr | Wegelystr. 1 | Tel. 39 00 92 15 | www.kpm-berlin.de | S 5, 7, 9, 75 Tiergarten | Tiergarten*

LEISER LAGERVERKAUF **[161 D4]**
Schnäppchen to go: Für die Schuhe des Berliner Handelsunternehmens zahlen Sie bis zu 50 Prozent weniger, wenn Sie direkt ab Lager kaufen. Die Palette ist riesig: Von Pumps bis Boots können Sie unter vielen verschiedenen Markenschuhen (Ecco, Rieker, Gabor, etc.) wählen. Die Lage ist allerdings etwas abseits. *Mo–Fr 10–19, Sa 10–18 Uhr | Grenzallee 9–11 | Tel. 68 37 33 30 | S 45, 46 Köllnische Heide | Neukölln*

MARC CAIN SECOND SEASON **[161 D3]**
Fabriketage mit großer Auswahl an Designermode aus dem vergangenen Jahr. Frauen ab 30 mit Sinn für schlichte, tragbare Businessmode fühlen sich wohl in Kostümen, Hosen und Accessoires des internationalen Modekonzerns. Und dass die Kollektionen aus der letzten Saison stammen, tut ihrer Beliebtheit keinen Abbruch. Sie sparen bis zu 40 Prozent des vorher üblichen Ladenverkaufspreises. *Mo–Fr 10–19, Sa 10–16 Uhr | Oudenarder Str. 16, Tel. 455 00 90 | www.marc-cain.de | U 9 Nauener Platz | Wedding*

MARC O´POLO **[146 C3]**
Von außen wirkt dieser Outlet wie ein ganz normaler Laden, drinnen lassen die Preise Schnäppchenjägers Herz höher schlagen. In Designer-Regalen stapelt sich Ware der vergangenen Saison sowie sonstige Angebote der Modemarke mit Männer-

und Frauenbekleidung, Accessoires und Schuhen. Die Ware ist bis zu 50 Prozent günstiger als im regulären Verkauf. *Mo–Fr 10–20 Uhr, Sa 10–18 Uhr | Kaiserdamm 7 | Tel. 325 61 60 | U 2 Sophie-Charlotte-Platz | Charlottenburg*

SCHUHE

FUMANSCHUH [152 B2]

Kleiner, preiswerter Szeneladen mit Pumps und Schlüpfstiefeln in vielen Farben für unter 80 Euro. Witzige Accessoires, wie Gürtel in Schlangenlederoptik und Schmuck sowie eine große Auswahl an Buttons machen den Laden vor allem für jüngere Kunden spannend. *Mo–Fr 12–20, Sa 12–18 Uhr | Kopernikusstr. 9 | Tel. 67 46 90 98 | S-/U-Bahn Warschauer Straße | Friedrichshain*

JÜNEMANNS PANTOFFELECK [144 C5] Insider Tipp

Hausschuhparadies! Niedertreter aus Thüringer Filz mit Bommeln, in Kamelhaaroptik oder gediegen grau stapeln sich in der kleinen Ladenwerkstatt bis unter die Decke. Die preiswerten Pantoffeln (ab 10,20 Euro) des über hundert Jahre alten Famili-

CLEVER!

> Jeans und Bücher für lau im Umsonstladen

Bücher, Kleidung oder CDs müssen nichts kosten, jedenfalls nicht, wenn man über die Schwelle des Umsonst- und Schenkladens *Systemfehler (***[152 C1]** *Mo, Mi 17–20 Uhr, Scharnweber Str. 29 | Tel. 53 67 54 60 | www.systemfehler-berlin.de.vu | U 5 Samariterstraße | Friedrichshain)* tritt. Dort gibt es alles, was andere nicht mehr brauchen, zum Teil neuwertig, auf jeden Fall aber noch in einem ordentlichen Zustand. Die Idee des Ladens ist einfach: Viele Leute haben etwa einen gut erhaltenen Autokindersitz, ein doppeltes Skatspiel oder schicke, aber leider zu enge Schuhe zuhause, und wissen nicht wohin damit. Andere wiederum suchen genau diese Dinge. Sie haben nichts zu verschenken? Kein Problem: Man darf sich auch etwas seiner Wahl mitnehmen, wenn man nichts vorbeibringt. Geld spielt hier zur Abwechslung keine Rolle. Spenden und Patenschaften für das Projekt sind allerdings gern gesehen.

enbetriebs sind Kult und werden via Internetshop sogar in Australien bestellt. *Mo, Mi, Fr 9–17 Uhr, Di, Do 9–18 Uhr | Torstr. 39 | Tel. 442 53 37 | www.pantoffeleck.de | U2 Rosa-Luxemburg-Platz | Mitte*

LUCCICO **[158 A3]**
Schnäppchen und Sonderangebote gehören zum Standardprogramm, gute Qualität ebenfalls. So sind im Luccico schon mal edle italienische Lederstiefel von ehemals 150 auf 80 Euro heruntergesetzt. Klassische Formen, aber auch ausgefallene Modelle locken ein vielfältiges Publikum an. Filialen befinden sich in der Neuen Schönhauser Straße 18 und Weinmeisterstraße 12 (beide Mitte). Im Outlet in der Oranienburger Str.

Im Schuhkontor an der Schönhauser Allee finden Sie schöne Schuhe zum kleinen Preis

23 (Mitte) gibt es noch günstigere Modelle, allerdings bei teilweise minderwertiger Qualität. *Mo–Fr 12–20 Uhr, Sa 11–20 Uhr | Bergmannstr. 8 | Tel. 691 32 57 | www.luccico.de | U 7 Gneisenaustraße | Kreuzberg*

RICCARDO CARTILLONE OUTLET [136 C2]

Designerschuhe (ab 40 Euro) aus der Vorjahreskollektion des Berliner Schuhhändlers Cartillone werden bis zu 50 Prozent reduziert verkauft. Die Stiefel, Pumps und Sandalen bestechen durch solides Leder und eine richtig gute Verarbeitung. Dafür nimmt man ein bisschen Discounteratmosphäre mit vielen Schuhkartons und fehlender Beratung in Kauf. Gegenüber am Savignyplatz 5 gibt es die aktuelle Schuhmode von Cartillone. *Mo–Sa 10–20 Uhr | Savignyplatz 4 | Tel. 31 50 33 27 | www.riccardocartillone.de | S 5, 7, 9, 75 | Charlottenburg*

SCHUHKONTOR [145 D1]

Hier kaufen Sie Schuhe mit Rabatt. Wer zum zweiten Mal kommt, wird mit einem zehnprozentigen Preisnachlass belohnt. Kreatives Interieur in hellen Tönen, dazu elegante und sportive Schuhe von Tamaris, Caprice und kleinen spanischen und italienischen Firmen (ab 40 Euro). *Mo–Fr 12–19 Uhr, Sa 11–16 Uhr | Schönhauser Allee 70 | Tel. 421 62 35 | M 10 Husemannstraße | Prenzlauer Berg*

TRIPPEN FABRIKVERKAUF [159 F1] Insider Tipp

Die kultigen Holz- und Lederschuhe für Damen und Herren bekommen Sie im Hinterhof eines Kreuzberger Fabrikgeländes bis zu 50 Prozent günstiger als im Laden (ab ca. 70 Euro). Die ausgefallenen Schuhmodelle, die weltweit viele Laufstege dominieren, werden in einem Werk in der Nähe von Berlin angefertigt. *Mo–Sa 10–18 Uhr | Köpenicker Str. 186–187 | Tel. 280 75 17 | U1 Schlesisches Tor | Kreuzberg*

SECONDHAND

ARM UND SEXY [159 E4]

Alt muss nicht oll sein: In diesem Trödelladen mit Designerporzellan (ab 10 Euro) und Möbeln aus den 1930er- bis 1970er-Jahren (ab 20 Euro) können Sie darüber staunen, was die deutsche Haushaltswarenindustrie sich so alles hat einfallen lassen und echte Kultgegenstände erstehen. Ein Schwerpunkt sind die 1950er-Jahre. Faire Preise. *Mo–Fr 14–19, Sa 12–17 Uhr | Reuterstr. 62 | Tel. 0179/496 15 97 | www.arm-und-sexy.de | U 7, 8 Hermannplatz | Neukölln*

CALYPSO **[139 E1]**

Wer ausgefallene Schuhe liebt, wird begeistert sein: Exotische Modelle der 1930er-Jahre, Pumps aus den 1950ern und 1980er-Jahre-Boots stapeln sich bis zur Decke. Die seltenen Kreationen (ab 50 Euro) – die meisten sind gebraucht – werden von Swing-Tänzern, Theaterleuten und Filmproduktionen genauso geschätzt wie von Kunden, die ein Stück Schuhgeschichte kaufen wollen. Eine Filiale befindet sich in der Oderberger Straße 61 (Prenzlauer Berg). *Mo–Sa 12–20 Uhr | Rosenthaler Str. 23 | Tel. 28 54 54 14 | www.calypsoshoes.com | U 8 Weinmeisterstraße | Mitte*

COLOURS BERLIN **[158 A3]**

Eine ganze Fabriketage voller Kleider! Auf 1000 m² wird Vintage- und Second-Hand-Ware angeboten. Coole

1970er- und -80er Jahre Fummel aber auch Trachtenmode aus Bayern eignen sich für Mottopartys oder den Alltag im Berliner Clubgetümmel. Bezahlt wird nach Gewicht, ein Kilo Klamotten kostet ca. 15 Euro. Dienstags gibt es eine Happy Hour, zwischen 11 und 15 Uhr zahlen Sie 30 Prozent weniger! Eine Filiale befindet sich in Schöneberg (Ahornstr. 2) *Mo–Fr 11–19, Sa 11–18 Uhr | Bergmannstr. 102 | Tel. 694 33 48, U 6, 7 | Mehringdamm | Kreuzberg*

Insider Tipp **SOMA** [139 F1]

Im Hinterzimmer dieses kleinen Ladens mit Mode von Berliner Designern versteckt sich ein Secondhand-Mode-Geheimtipp: Trendige Klamotten der aktuellen Saison, aber auch stylische Kleider aus den 1970ern (ab 10 Euro) kleiden Frauen und Männer günstig und gut. Dazu gibts Accessoires und Schuhe. *Mo–Fr 12–20, Sa 12–18 Uhr | Alte Schönhauser Str. 27 | Tel. 281 93 80 | www.soma-clothing.de | U 8 Weinmeisterstraße | Mitte*

STERLING GOLD [139 D1]

Eine riesige Auswahl an edlen Abendkleidern der letzten 80 Jahre verschlägt Ballerinen und Transvestiten gleichermaßen den Atem. Ist das ein Rauschen und Rascheln wenn Männlein und Weiblein Braut- und Cocktailkleider anprobieren, die passenden Accessoires aussuchen und sich aufgrund der riesigen Auswahl lange nicht entscheiden können. Die Kleider gibt es ab ca. 80 Euro aufwärts. Eine hauseigene Änderungsschneiderei sorgt für den perfekten Sitz des neuen Fummels. *Mo–Fr 12–20, Sa 12–18 Uhr | Oranienburger Str. 32 | Tel. 28 09 65 00 | www.sterlinggold.de | S 1, 2, 25 Oranienburger Straße | Mitte*

TRAGFLÄCHE [145 D2]

Supergünstige Angebote, z. B. Mäntel ab 5 Euro oder Hemden ab 3 Euro machen den im Retro-Stil eingerichteten Laden zur ersten Adresse für alle, die im Prenzlauer Berg gut erhaltene Klamotten zum kleinen Preis suchen. Stundenlanges Stöbern ist erlaubt, und der nette Besitzer berät Sie auf Wunsch auch, ob Ihnen der Secondhand-Fummel steht oder nicht. *Tgl. 12–20 Uhr | Pappelallee 10 | Tel. 49 85 32 75 | www.tragflaeche.de | U 2 Eberswalder Straße | Prenzlauer Berg*

ARIANE [147 E5]

Sie träumen von einem Versace-Kostüm, wollen aber keine 1000 Euro dafür ausgeben? Bei Ariane, dem Edel-Secondhand-Shop, bekommen Sie, was in der Modewelt Rang und Namen hat. Ob Fendi, Chanel, Gucci oder Jil Sander – die Auswahl ist erlesen, und zum guten Ton des Geschäfts gehört auch eine umfassende Beratung. Umsonst gibt es übrigens auch etwas: das Geheimnis darum, welcher elegante Mensch wohl früher in dem neuen alten Fummel herumstolziert ist. *Mo–Fr 12–19, Sa 11–16 Uhr | Wielandstr. 37 | Tel. 881 74 36 | www.ariane-secondhand.de | S 5, 7, 9, 75 Savignyplatz | Charlottenburg*

B5 DESIGNER OUTLET [160 B3]

Da schlägt das Fashionherz gleich höher: Bis zu 70 Prozent reduzierte Designerware bietet das Outlet-Center im Westen Berlins mit über hundert Marken. Schnäppchen von Esprit, Nike, Valentino und Co helfen, ihren Geldbeutel spürbar zu entlasten. Meistens kauft man dann mehr ein, als geplant. *Mo–Do 10–19, Fr, Sa 10–20 Uhr | Alter Spandauer Weg 1 | Tel. 033234/90 40 | www.b5center.de | Bus M32 bis Havelpark, dann Bus 663 Richtung Nauen, Haltestelle: Demex Park | Wustermark*

DESIGNER DEPOT [139 F2]

Highfashion zum Schnäppchenpreis ganz in der Nähe vom Hackeschen Markt: Boss, Calvin Klein, Kenzo oder Dolce & Gabbana sind nur einige von vielen Labels, die in dem kleinen Laden bis zu 50 Prozent günstiger gehandelt werden, als normalerweise. Ein weiterer Pluspunkt: die sehr freundliche, persönliche Atmosphäre mit Beratung. *Mo–Sa 12–20 Uhr | Rochstr. 2 | Tel. 28 04 67 00 | www.designer-depot.net | S 5, 7, 9, 75 Hackescher Markt | Mitte*

MADONNA [147 E5]

Was die Managerin nicht mehr tragen mochte, hängt in dieser Luxus-Secondhand-Boutique genauso wie der Stoff von vergangenen Tagen als das Leben in der Villa am Wannsee noch in voller Blüte stand. Jetzt warten die hochwertigen und eleganten Kleider von Armani oder Chanel auf neue Besitzer und ein

LUXUS LOW BUDGET

neues Zuhause. Wie wäre es etwa mit einem Hugo-Boss-Blazer für 100 Euro?
Mo–Fr 12–19, Sa 11–16 Uhr | Mommsenstr. 57 | Tel. 324 76 32 | S 5, 7, 8, 75 Savignyplatz | Charlottenburg

NAH UND GUT [160 C4]

Sie möchten Ihr Picknick im Park (S. 65) mit etwas ganz Besonderen aufpeppen? Im Delikatessen Discount gibt es nicht nur die weltweit erste Dönerbratwurst, sondern auch spanischen Pata Negra Schinken (ca. 5 Euro/100 g) oder französischen Trüffelbrie (ca. 1,90 Euro/100 g) zum deutlich günstigeren Preis als im herkömmlichen Einzelhandel. Eine Filiale befindet sich in der Düsseldorfer Straße 40/Ecke Uhlandstraße (Wilmersdorf).
Mo–Fr 8–20, Sa 8–16 Uhr | Güntzelstr. 40 | Tel. 86 39 19 30 | www.delikatessen discounter.de | S 1 Zehlendorf | Zehlendorf

SOMMERLADEN [144 B5]

Von Armani-Lederjacken bis Versace-Blusen reicht die Auswahl an gebrauchten Designerklamotten und Schuhen zu reduzierten Preisen. Die ausgefallenen Kostüme und Kleider zeugen vom extravaganten Geschmack der Mitte-Bewohner, die hier ihre gut erhaltenen Outfits verkaufen. Auch Männer haben hier eine große Auswahl: Jacken, Mäntel und Jeans. Taschen und Schuhe von bekannten Marken geben den letzten Schliff.
Mo–Fr 14–20 Uhr | Linienstr. 153 | Tel. 0177/299 17 89 | S 1, 2, 25 Oranienburger Straße | Mitte

ZWEITES FENSTER [147 D5]

Wenn es regnet, ist ein originaler Burberry-Mantel prima, zumal er nicht teuer sein muss. Schauen Sie mal bei Claudia Reißmann und ihrem Marken-Secondhand-Shop vorbei. Sie hat in ihrem Laden nicht nur eine gute Auswahl für jedes Wetter, sondern von Issey Miyake bis Windsor nur das Feinste, was der internationale Modemarkt zu bieten hat – zwar gebraucht, aber natürlich sehr gut erhalten. Auch Herren werden fündig. Die Besitzerin berät hier persönlich.
Mo–Fr 12–19, Sa 11–16 Uhr | Damaschkestr. 25/Hektorstr. | Tel. 31 80 34 40 | S 5, 7, 9, 75 Charlottenburg | Charlottenburg

> Berlin ist die Partystadt Nummer Eins weltweit, und das Beste daran: Auch mit wenig Geld kann man die Nacht zum Tag machen. Feiern Sie mit!

Ausgehen, feiern und Spaß haben und dabei fast kein Geld ausgeben? Gewusst wo: In etlichen Berliner Clubs wie dem Dr. Pong (S. 89) oder Tanzngen (S. 94) zahlen Sie z. B. keinen Eintritt. Und im Sommer locken sonntags Umsonst-Open-Air-Partys mit bekannten DJs im Mauerpark. Für den einen oder anderen Drink in einer kleinen, preisgünstigen Kneipe wie etwa dem Schmittz (S. 99) bleibt da auf jeden Fall etwas übrig. Auch wenn Sie Cocktails mögen, werden sie durch ein, zwei Drinks nicht arm. In vielen Bars, wie zum Beispiel im BR 101 (S. 85), gibt es eine Happy Hour, das heißt die Cocktails kosten dann nur die Hälfte oder es wird ein spezielles Angebot offeriert. Wenn Sie den Eintritt in einen teuren Club mindern wollen, gehen Sie einfach früher hin. In einigen Locations, wie dem Bassy Cowboy Club (S. 88) gilt dann: Viel Spaß für weniger Geld! Dass Sie dann vielleicht zu den ersten Gästen zählen und noch nicht so viel los ist, muss nicht unbedingt ein Nachtteil sein. Schließlich können Sie sich auf der Tanzfläche mal so richtig austoben, und wenn etwas später der Laden voll wird, haben Sie sich schon warm

NACHT LEBEN

gefeiert! Am besten natürlich mit Freunden, aber auch wer alleine unterwegs ist, findet schnell Anschluss. Also auf ins Berliner Nachtleben!

BARS

Insider Tipp

BR101 [144 C5]

Viva Brasilia! Dass dieses Land mehr zu bietet hat als Caipirinha und die gleichnamige Straße entlang des Atlantiks zeigt die kleine brasilianische Bar in Mitte. Zu den günstigen Cocktails (4,50 Euro) gibt es leckere kleine Snacks (3–5 Euro) aus der Heimat des Besitzers. Musik und Fußball spielen ebenfalls eine große Rolle, weshalb hier Spiele der brasilianischen Nationalmannschaft übertragen werden. Von 17 bis 21 Uhr kostet jeder Cocktail nur 3 Euro! Zu später Stunde ist es hier oft brechend voll. *Tgl. ab 17 Uhr | Torstr. 69 | Tel. 0176/78 40 94 97 | www.br-101.com | U 2 Rosa-Luxemburg-Platz | Mitte*

FIREBAR [139 D1]

Ganz in der Nähe vom Hackeschen Markt wird Ihnen bestens eingeheizt. Die Cocktails für 4,50 Euro haben es in sich, und ein Kaminfeuerchen macht im Winter dem Namen der Location alle Ehre. In der Kellerbar fühlen Sie sich am wohlsten, wenn Sie nichts gegen Retro-Sofas und studentisches Publikum haben. Hier können Sie gemütlich durchfeiern bis zum Morgengrauen. *Tgl. ab 20 Uhr, Krausnickstr. 15 | Tel. 28 38 51 19 | www.fire-club.de | S 5, 7, 9, 75 Hackescher Markt | Mitte*

GOLDFISCHBAR [152 B2]

Hier schwimmen Sie im Schwarm mit überwiegend jungem Publikum, was u. a. auf die günstigen Preise zurück zu führen ist. Wo bekommt man schließlich in dieser Gegend einen Cocktail für ca. 5 Euro? Modisches Retro-Design, das auch vor der Toilette nicht halt macht. Für Nichtraucher leider ungeeignet, die Luft ist besonders spät am Abend zum Schneiden. *Do–Mo 20–3, Fr, Sa 20–5 Uhr | Grünberger Str. 67 | kein Tel. | www.goldfischbar.de | U-/S-Bahn Warschauer Straße | Friedrichshain*

JATZBAR [143 E1] Insider Tipp

Draußen ist es trist, drinnen umso anheimelnder. In der coolen Bar im Arbeiterbezirk Wedding mit bequemen Sofas und günstigen Drinks kann man getrost einen ganzen Abend verbringen und auch mal den einen oder anderen Cocktail probieren (nur ca. 3,50 Euro!). Das Publikum ist eher jünger und kommt gerne vom benachbarten Prenzlauer Berg hierher wegen der Preise. Von Jazz bis Elektro wechselt die Musik täglich, jeder Abend ist einem anderen Genre gewidmet. Die Gäste dürfen sich über-

In der Jatzbar im Wedding gibt es Cocktails für nur 3,50 Euro

raschen lassen, da es keinen festen Plan gibt. *Tgl. 20–3 Uhr | Gottschedstr. 2a | kein Tel. | www.jatzbar.de | U 9 Nauener Platz | Wedding*

MATILDA **[159 D3]**

Die Bar für jede Tageszeit: Späte Frühstücker treffen am frühen Abend auf Feierabendbiertrinker (Pils 0,3 l kostet ca. 2 Euro). Wenn draußen die Lichter angehen und reihenweise leckere Cocktails (ab 5 Euro) geschüttelt werden, wird es voll auf den Retro-Stühlen und 1970er Jahre-Sofas. Gemütliches und günstiges „Wohnzimmer" der Kreuzberger Nachbarschaft. *Tgl. ab 9 Uhr | Graefestr. 12 | Tel. 81 79 72 88 | www.myspace.com/matilda_berlin | U 8 Schönleinstraße | Kreuzberg*

RAUMFAHRER **[159 E3]**

Die Sterne sind nicht zum Greifen nah, dennoch hat die Bar ein bisschen Flair von einer Fahrt zum Mond in einer klapprigen Rakete. Hier kann man stundenlang Bier (ab 1,90 Euro) und Limo (1,50 Euro) trinken und die Welt da draußen vergessen. Der 1970er-Jahre-Bau passt gut zum jungen Szene-Publikum, das auch von weiter her anreist, um hier in coolem Ambiente mit unverputzten Betonwänden und Gratis-DJ-Sound günstig die ewige Nacht zu feiern. *Mo–Sa ab 19 Uhr | Hobrechtstr. 54 | kein Tel. | U 8: Schönleinstraße | Neukölln*

RINGO **[159 E3]**

Der Retro-Stil ist auch in Neukölln angekommen, hier fühlt man sich so hip wie in Mitte oder Prenzlauer Berg, nur dass die Preise moderater sind und die Kundschaft nicht so aussieht wie aus der letzten Vogue entsprungen. Netter Laden für ein, zwei Cocktails (ca. 6 Euro) im traditionellen Kiez. *Mo–Sa ab 9, So ab 11 Uhr | Sanderstr. 2 | Tel. 61 50 79 98 | U 8 Schönleinstraße | Neukölln*

WEINE & GEFLÜGEL **[143 D1]** Insider Tipp

Günstiger geht´s kaum: Wernesgrüner vom Fass für 2,40 (0,4 l) Euro oder ein gutes Glas Wein für 2,60 Euro animieren zum Nachbestellen in dieser kunterbunt eingerichteten Bar. Chicken Wings sind das Hausgericht, ansonsten werden Tortilla Chips und wechselnde Gerichte (3–6 Euro) serviert. Tipp: ein gepflegtes Glas Bushmills Malt (Whisky) gibt es für nur 4 Euro! Noch günstiger trinken Sie während der Happy Hour täglich zwischen 19 und 20 Uhr sowie ab 23 Uhr, dann kosten alle Longdrinks und Cocktails nur 3,50 Euro. *Di–So ab 19 Uhr | Malplaquetstr. 43 | Tel. 53 09 23 22 | www.weineundgefluegel.de | U 6, 9 Leopoldplatz | Wedding*

YUMA BAR [159 E4]

Im neuen Szenekiez Nordneukölln zeigt diese kleine Bar mit Cocktails für 5,50 Euro und günstigem Bier (0,3 l) für 2,20 Euro, dass Ausgehen mit Stil nicht teuer sein muss. Kostenlos werden immer wieder mal Lesungen, Origami-Workshops oder Ausstellungen geboten. Junges Publikum, keine Raucher. *Tgl. ab 20 Uhr | Reuterstr. 63 | Tel. 34 08 58 17, www.yuma-bar.de | U 7, 8 Hermannplatz | Neukölln*

CLUBS

BASSY COWBOY CLUB [144 C4]

Westernstimmung kommt auf, wenn DJs und Livebands abseits vom Mainstream zu Country, Rockabilly und Surf'n Beat aufspielen. Bis 23 Uhr zahlen Sie an manchen Tagen nur die Hälfte des Eintritts und manchmal sogar gar nichts! Schauen Sie am besten vorher auf die Internetseiten. Wer sich in den Newsletter einträgt, wird über Veranstaltungen zum Schnäppchenpreis informiert! Hier gehen auch über 40-jährige gerne tanzen. *Eintritt 0–5 Euro | Di ab 21 Uhr, Do, Fr, Sa ab 22 Uhr | Schönhauser Allee 176 a | Tel. 304 49 62 86 | www.bassy-club.de | U 2 Senefelderplatz | Prenzlauer Berg*

CALABASH CLUB [144 B4]

Elektro, Hiphop, Reggae – das ist die wöchentliche DJ-Mischung, die das zumeist jugendliche Publikum begeistert. Der günstige Eintritt und das polnische Bier – ca. 2,50 Euro für 0,5 l – sind ein gutes Argument dafür, hier die Nacht zu verbringen. In dem ziemlich düsteren Club im Kulturzentrum Acud treten auch öfters Ragga-Bands aus aller Welt auf. *Eintritt 2–5 Euro | Di, Do, Fr ab 22 Uhr, Sa ab 23 Uhr | Veteranenstr. 21 | Tel. 83 03 01 44 | www.calabash-club.de | U 8 Brunnenstraße | Mitte*

CLÄRCHENS BALLHAUS [139 D1] Insider Tip

Eines der besten Club-Restaurants der Stadt! Wer nichts gegen Pärchentanz hat und Deep Purple genauso gerne hört wie die BeeJees ist in diesem altehrwürdigen Ballsaal genau richtig. Von 20- bis 80-jährigen ist alles vertreten, der Eintritt ist unter der Woche frei und kostet Freitag und Samstag nur 3 Euro, Trinken muss man nichts. Aber wenn doch, haut einen der Bierpreis nicht gleich um (0,3 l 2,50 Euro). *Eintritt 0–3 Euro | tgl. ab 10 Uhr, Mo ab 22 Uhr Salsa, Di ab 22 Uhr Tango, Mi ab 21 Uhr Swing, Do ab 21 Uhr ChaCha & Walzer, Fr, Sa Disko mit DJ Clärchen | Auguststr. 24 | Tel. 282 92 95 | S 1, 2, 25 | Oranienburger Straße | Mitte*

DR. PONG **[144 C2]**

Mitten in der Nacht dem Ball nachjagen? Kein Problem. Während DJs auflegen, wird der Abend in dem durch grelles Licht ziemlich kühl wirkenden Club nicht mit Tanzen, sondern mit Tischtennis verkürzt. Dabei können Twens und Berufsjugendliche ganz nebenbei ihre Armmuskeln spielen lassen und beweisen, dass auch nach dem vierten Bier noch so einiges möglich ist. Kurz vor Mitternacht wird´s am Wochenende voll, nicht nur an den Tischtennisplatten. Günstige Getränke (Bier 2 Euro). *Eintritt frei | Mo–Sa ab 20, So ab 14 Uhr | Eberswalder Str. 21 | www.drpong.net | U 2 Eberswalder Straße | Prenzlauer Berg*

HORST KRZBRG **[158 A2]**

Das anspruchsvolle House- und Elektroprogramm in diesem kleinen Club hält die Besucher nicht davon ab, es hier richtig krachen zu lassen. Die Bierpreise sind moderat (0,3 l für 2,50 Euro), die Türsteher lassen fast jeden rein, vorausgesetzt man hat keine Löcher in den Schuhen oder sieht ungepflegt aus. Hübsche Location mit schwarzen Ledersofas und bunten Laserlichttupfern. *Eintritt 3–5 Euro | Tempelhofer Ufer 1 | kein Tel. | www.myspace.com/horstkrzbrg | U 1, 6 Hallesches Tor | Kreuzberg*

KAFFEE BURGER **[144 C5]**

Einst wurde hier von Damenkränzchen Torte gespachtelt, heute geht in dem Club für wenig Eintritt die Post ab bei russischem Pop, etwa bei der berühmten Russendisko unter Leitung von Wladimir Kaminer an jedem 2. und 4. Samstag im Monat. Dann fließt der Wodka (3 Euro) in Wassergläser, und die Stimmung steigt mit dem Promillepegel der Gäste, die in der Regel eher jünger sind. Unter der

Woche finden auch Lesungen statt in dem Lokal mit Omas Tapeten und Möbeln. *Eintritt 3–5 Euro | So–Do ab 19 Uhr, Fr ab 20 Uhr, Sa ab 21 Uhr | Torstr. 60 | Tel. 28 04 64 95 | www.kaffeeburger.de | U 2 Rosa-Luxemburg-Platz | Mitte*

KLUB DER REPUBLIK **[145 D2]**
Im ehemaligen Ballsaal einer Handwerker-Genossenschaft mit kultigen Retro-Lampen aus den 1970er-Jahren wird täglich ab 22 Uhr der Verstärker aufgedreht und zu elektronischen Klängen getanzt oder auf den Sofas gelümmelt. Das Publikum ist studentisch jung, die Preise sind dementsprechend im Keller, ein Bier für ca. 2 Euro (0,3 l) kann sich hier fast jeder leisten. Raucher sind in der Überzahl, dementsprechend ist die Luft zum Schneiden. Achtung: Der Eingang befindet sich im Hinterhof! *Eintritt 1 Euro | tgl. ab 22 Uhr | Pappelallee 81 | kein Tel. | U 2 Eberswalder Straße | Prenzlauer Berg*

KONRAD TÖNZ **[152 A4]**
Klassiker im Kreuzberger Wrangelkiez, der als eine Art Partykeller für

CLEVER!

> Mit einer Vernissage den Abend beginnen

Sie interessieren sich für Kunst und gehen gerne aus? Dann sollten Sie unbedingt freitags ins Galerienviertel zwischen Hackescher Markt und Oranienburger Tor eintauchen. Dort werden wöchentlich neue Ausstellungen eröffnet, und dabei fließt der Wein sehr günstig in die Gläser. Auch wer nicht eingeladen ist, wird bedient. Meist kostet das Glas Wein oder die Flasche Bier nicht mehr als 1 bis 2 Euro, mitunter sind Getränke und Häppchen sogar umsonst! Wo wann welche Ausstellungseröffnung gefeiert wird, können Sie entweder in den Stadtmagazinen Tip *(www.tip-berlin.de)* und Zitty *(www.zitty.de)* nachlesen, oder auf der Internetseite *www.art-in-berlin.de*. Um 19 Uhr geht es in der Regel los, und wer zeitig kommt, hat noch die Gelegenheit die ausgestellten Werke zu bewundern, bevor es zu voll wird, und man vor lauter Köpfen kein Bild mehr an der Wand erkennen kann.

noch nicht ganz Erwachsene fungiert. Das Interieur mit Plastiksesseln, Diskokugeln und Fototapete ist so schräg, wie die Musik, die aus den Boxen schallt: 1950er- bis -70er Jahre-Twist, Soul oder Beat. Bei der Veranstaltung „Olle Kamellen für Jung und alt" werden auch Schlager gespielt. Der Namensgeber Konrad Tönz war übrigens mal Moderator der Fernsehsendung „XY-ungelöst". *Eintritt frei | Di–So ab 20.15 Uhr | Falckensteinstr. 30 | Tel. 612 32 52 | www.konradtoenzbar.de | U 1 Görlitzer Bahnhof | Kreuzberg*

L.U.X [152 A3]
In der ehemaligen Spiralfederfabrik wird gefeiert, dass sich die Balken biegen. Live-Konzerte, Electroclash, Funk und Reggae sorgen für die nötige Lautuntermalung. Wer vom Tanzen genug hat, kann sich in den Sitzecken niederlassen und die Szene beobachten, die eher unter 30 Jahre alt ist und Bier für ca. 2 Euro (0,3 l) trinkt. L.U.X. ist die Abkürzung für „Lauteste Unterhaltung Kreuzberg". *Eintritt 2–5 Euro | Mi, Do ab 21 Uhr, Fr, Sa ab 22 Uhr | Schlesische Str. 41 | www.lux-berlin.net | U 1 Schlesisches Tor | Kreuzberg*

MAMA BERLIN [144 B3]
Die meisten Nachtschwärmer, die hier abtanzen, gehen noch zur Schule oder zur Uni und lieben Techno und House. Bei astreinen Preisen, das Bier (0,3 l) für 2 Euro und einem kleinen Eintritt, wird es unter der Diskokugel schnell voll. Das liegt vor allem an der kleinen Tanzfläche. Donnerstag ist Spartag: Eintritt frei! Mehrmals wöchentlich bringen ab 19.30 Uhr Bands die Location zum Beben, und mittwochs treffen sich Musiker zur Jamsession (ab 21 Uhr). *Eintritt 0–5 Euro | Mi–Sa bei Konzerten (siehe Termine im Internet) ab 19.30 Uhr, Club ab 22 Uhr | Zionskirchstr. 5 | Tel. 01577/382 21 99 | www.mama-berlin.de | U 8 Brunnenstraße | Mitte*

MONARCH [159 D1] Insider Tipp
Eine unscheinbare Stahltür ohne Namen führt zu einem der beliebtesten Clubs Kreuzbergs im ersten Stock eines Betonklotzes am Kottbusser Tor. Der Eintritt kostet nur 1 Euro, der halbe Liter Hefeweizen wird für 2,50 Euro über die Theke gereicht. Gegen drei Uhr nachts reicht die Schlange bis zum Eingang, weshalb Erstbesucher den Club wenigstens

gleich finden. Die Einrichtung ist dürftig, der 1980er-Jahre-Schick der Architektur ebenfalls, das tut der Stimmung aber keinen Abbruch. *Eintritt 1 Euro | Di–So ab 21 Uhr | Skalitzer Str. 134 | kein Tel. | U 1, 8 Kottbusser Tor | Kreuzberg*

SCHOKOLADEN **[144 B4]**

Wacker kämpfen die Betreiber dieses punklastigen Kulturclubs gegen ihre Vertreibung durch den Besitzer des Hauses und verwöhnen ihre Gäste bestens mit Astra (0,3 l) für 1,80 Euro und günstigen Kurzen, etwa Tequila randvoll für 2,50 Euro. Temperamentvolle Konzerte mit ohrenbetäubenden E-Gitarren-Soli aufstrebender Nachwuchsbands kosten nur 3 bis 5 Euro. Partystimmung herrscht an fast jedem Tag in der Woche, außer dienstags: Da lesen die Autoren des Schriftstellerkollektivs LSD (Liebe statt Drogen) ihre Texte vor, Eintritt: 3 Euro. *Eintritt 0–5 Euro | tgl. ab 20 Uhr | Ackerstr. 169 | Tel. 282 65 27 | www.schokoladen-mitte.de | U 8 Rosenthaler Straße | Mitte*

Insider Tipp **SPIT AND SAWDUST** **[159 E2]**

Wochentags eine Bar, freitags und samstags mit DJ und Tanz ist der Club in den Räumen einer ehemaligen Teestube eine günstige Ausgehadresse für jeden Tag. Das Becks (0,5 l) kostet ca. 2 Euro, manchmal wird Eintritt genommen. Der Name bedeutet übersetzt übrigens „Unmoderne und heruntergekommene Bar". Das ist auf sympathische Art passend, aber dafür gibt man hier wenig Geld aus. *Eintritt 0– 2 Euro | Mo–Sa ab 21 Uhr | Reichenberger Str. 133 | kein Tel. | U 1 Görlitzer Bahnhof | Kreuzberg*

SUPAMOLLI **[152 C2]**

Alternative Talentbude für die Musikstars von morgen: Bands und Sänger verschiedener Genres spielen hier vor jungem Publikum, das sich nicht nur zum Musik hören hier trifft, sondern auch zum Plaudern in Sesseln und Sofas fläzt und an der Bar Berliner Pilsener zum günstigen Preis (ca. 2 Euro) ordert. Nach dem Kulturgenuss geht die Party weiter auf der kleinen Tanzfläche, meist bis in die Vormittagsstunden des nächsten Tages. *Eintritt 0–5 Euro | Di–Sa ab 20 Uhr | Jessnerstr. 47 | Tel. 29 00 72 94 | www.supamolly.de | S-/U-Bahn Frankfurter Allee | Friedrichshain*

Bild: Im Schokoladen feiern Alt und Jung zusammen

SUPERSONIC [159 F4]

Kleiner Club mit regelmäßigem DJ-Programm aus der Elektro-, House- und Techno-Szene. Der Keeper an der Bar sorgt für Abkühlung (Cocktails ca. 5,50 Euro), wenn es im separaten Tanzraum wieder mal ordentlich voll wird und DJ Wombat Schweißperlen auf die Gesichter zaubert. Junges, studentisches Publikum im Neuköllner Szenekiez mit vielen Bars und Kneipen. *Eintritt frei | Mi–Sa ab 19 Uhr | Weichselstr. 15 | kein Tel. | U 8 Rathaus Neukölln | Neukölln*

TANZNGEN [144 C2]

Eintritt frei, und das Bier dafür etwas teurer (0,3 l für 2,50 Euro), das ist ein faires Angebot für Nachtschwärmer, die mehr als nur einen Club besuchen wollen. Spät am Abend ist es so voll, dass die Mini-Tanzfläche nur noch für einen Stehplatz taugt. Minimal und Electro schallt dabei hübsch dezent aus den Boxen, das haben die Nachbarn so gewollt. Das loungeartige Ambiente ist bunt beleuchtet, da kommt keine Müdigkeit auf. *Eintritt frei | tgl. ab 20 Uhr | Eberswalder Str. 16 | U 2 Eberswalder Straße | Prenzlauer Berg*

ZMF – ZUR MÖBELFABRIK [144 B4] Insider Tipp

Die Mischung aus Club, Galerie und Konzertraum im Keller eines alten Gewerbegebäudes zieht Publikum aus der ganzen Stadt an. Auf alten Sofas sitzen Sie zwischen rauen Backsteinwänden mit wechselnden Ausstellungen. Das Bier kostet nur ca. 2 Euro, dafür kann der Eintritt bei Konzerten schon mal 5 Euro kosten. *Eintritt 0–5 Euro | Di–Sa ab 21 Uhr | Brunnenstr. 10 | kein Tel. | www.zurmoebelfabrik.de | U 8 Rosenthaler Platz | Mitte*

KNEIPEN

Ä [159 E4]

Gemütlich ein Jever oder Rothaus trinken (ca. 2 Euro) oder ein Glas Mineralwasser für 1 Euro und von den etwas in die Jahre gekommenen Tischen und Stühlen aus die neusten Berliner Pop-Pflanzen an der Gitarre schrammeln hören, das ist ganz im Sinne der Besitzer, die mit dem Ä einen Hort für Kultur und Kneipengänger geschaffen haben. Der Laden mit einfachen Holztischen ist häufig voll, das Konzept geht auf. *Tgl. ab 17 Uhr | Weserstr. 40 | Tel. 0177/406 38 37 | www.ae-neukoelln.de | U 8 Hermannplatz | Neukölln*

ACKERKELLER [144 B4]

Hier kann es Ihnen passieren, dass Ihnen das günstige Bier (0,3 l für ca. 2,20 Euro) von einem Transvestiten gereicht wird, aber das heißt noch lange nicht, dass Heteros sich hier nicht wohl fühlen. Am besten sitzen Sie auf dem etwas abgewetzten, aber sehr bequemen Sofa. Dienstags, freitags und samstags gibt es ab 22 Uhr Club-Veranstaltungen mit kleinem Eintritt (3–4 Euro). Sonntags wird gemeinsam Tatort geguckt, und die Volksküche bietet ein günstiges Essen für rund 3 Euro. WLAN, Brettspiele und Kicker sorgen für Unterhaltung. *Eintritt 0–4 Euro | Di–Fr ab 20 Uhr, Sa ab 22 Uhr | Bergstr. 68 | Tel. 36 46 13 56 | www.ackerkeller.de | S 1, 2, 25 Nordbahnhof | Mitte*

sider ipp

ANNA KOSCHKE [139 E1]

Wenn draußen der Wind um die Häuser pfeift, sitzen die Gäste gemütlich bei Kerzenschein an Holztischen und wärmen sich an heißem Orangensaft (2 Euro) oder Berliner Pilsener (0,3 l 2,20 Euro). Dazu werden von der freundlichen Bedienung Buletten mit Kartoffelsalat gereicht oder ein Paar Knacker mit Senf (ca. 3 Euro). Wer niemanden zum Reden hat, kann sich durch die ausliegenden aktuellen Zeitschriften arbeiten. Im Sommer gibt es eine idyllische Terrasse hinter dem Haus. *Tgl. ab 17 Uhr | Krausnickstr. 11 | Tel. 283 55 38 | www.anna-koschke.de | S 5, 7, 9, 75 Hackescher Markt | Mitte*

AUGUST FENGLER [145 D2]

Die trinkfreudige Nachbarschaft feiert hier mit einer Partie Kickern oder Tischtennis, Fußballfreunde kommentieren die übertragenen Spiele auf der Großleinwand. Manchmal ist Karibikparty bei der man ab 21 Uhr kostenlos Salsa tanzen lernen kann. Jeder Tag ist einem anderen Musikstil gewidmet – von Dancehall (mittwochs) bis Elektro/Wave am Samstag ist alles dabei. Das Bier wird für kleines Geld (ca. 2 Euro) verkauft. *Tgl. ab 19 Uhr | Lychener Str. 11 | Tel. 44 35 66 40 | www.augustfengler.de | U2 Eberswalder Straße | Prenzlauer Berg*

BAIZ [144 C4]

Lieblingsort aller Gäste ist der Kickerraum, ansonsten diskutiert vor allem studentisches Publikum an der Bar über die letzte Hausbesetzung oder deren Räumung. Äußerst fair:

Der halbe Liter Berliner Pilsener kostet nur 1,70 Euro! Und ein Espresso geht für 1 Euro über den Tresen. Abends sehr voll und sehr verraucht. *Tgl. ab 17 Uhr | Christinenstr. 1/Ecke Torstr. | kein Tel. | www.baiz.info | U 2 Rosa-Luxemburg-Platz | Mitte*

BLAUMILCHKANAL **[144 C1]**

Im Nordwesten des Prenzlauer Bergs hat sich dieses gemütliche Kleinod mit humanen Bierpreisen (ab 1,90 Euro) und echter Blaumilch, bestehend aus Milch mit Curacao, erfolgreich gehalten. Auch rund 180 Cocktails (ab 3,80 Euro) sind im Angebot, deren Qualität von der schwebenden Meerjungfrau über dem Tresen genau überwacht wird. *Mo–Fr ab 17 Uhr, Sa, So ab 10 Uhr | Schivelbeiner Str. 23 II | Tel. 44 73 18 86 | www.blaumilchkanal.de | S 41, 42 Schönhauser Allee | Prenzlauer Berg*

BORNHOLMER HÜTTE **[161 D3]**

In dieser über hundert Jahre alten Traditionskneipe mit wunderschönem Holztresen werden Sie für wenig Geld bestens versorgt mit hausgemachten Buletten (1,60 Euro) und Bier (0,4 l) für nur 2,20 Euro. Im Keller beeindruckt eine 105 Jahre alte Kegelbahn (15 Euro/Std.) mit Handbetrieb – die Kegel müssen selber wieder aufgestellt werden. *Mo–Fr ab 16, Sa, So ab 15 Uhr | Bornholmer Str. 89 | Tel. 445 52 69. | U-/S-Bahn Schönhauser Allee | Prenzlauer Berg*

Insider Tip

ESCHENBRÄU **[143 D2]**

Bestes hausgebrautes Bier ab 1,80 Euro (0,3 l) machen einen Ausflug in den Bezirk Wedding zu einem lohnenswerten Unternehmen. Je nach Saison gibt es verschiedene Dunkel- und Hellbiere, alle von erstklassiger Qualität. Wer kein Bier mag: Cocktails kosten 5 Euro, eine Tasse Kaffee nur 1,30 Euro! Sie sitzen gemütlich zwischen den Braukesseln. Im Sommer lockt der Biergarten. *Tgl. ab 17 Uhr | Triftstr. 67 | Tel. 462 68 37 | www.eschenbraeu.de | U 6, 9 Leopoldplatz | Wedding*

FREIES NEUKÖLLN **[159 E4]**

Einfache Einrichtung mit blanken Holztischen und -stühlen, freundliches Personal, günstige Preise und trinkfreudiges Publikum – das ist das Erfolgrezept von Neuköllns Eckkneipe neuen Zuschnitts. Dem studentischen Publikum aus der Nachbarschaft schmeckt ein griechischer Salat (ca. 4,50 Euro) zum spanischen Landwein (ab 2 Euro). Abends wird es häufig voll und laut. *Tgl. ab 12 Uhr | Pannierstr. 54/Ecke Weserstr. | www.freies-neukoelln.de | U 8 Hermannplatz | Neukölln*

GOLDESEL [146 C3]
Stullen, Bier und Rock´n´Roll ist die Devise in dieser freundlichen Kneipe mit Sofa und Bistromobiliar ganz in der Nähe vom Schloss Charlottenburg (S. 17). Das Brot für die leckeren Stullen (2–4 Euro) stammt von einer Biobäckerei. Dazu eines der 18 (!) verschiedenen Flaschenbiere (ab 2 Euro), und der Abend kann beginnen. *Tgl. ab 17 Uhr | Seelingstr. 7 | Tel. 82 07 71 58 | www.goldesel-berlin.de | S 41, 42 Westend | Charlottenburg*

CLEVER!

> 10 Clubs – 1 Eintritt

Feiern bis der Arzt kommt zum kleinen Preis: Jedes Jahr im November laden ausgewählte Berliner Clubs zum günstigen Besuch ein. Mit einem einzigen Ticket zum Preis von 12 Euro können Sie 10 verschiedene Locations besuchen, u. a. den Bassy Cowboy Club (S. 88), das Kaffee Burger (S. 89) und den Tresor, der normalerweise 12 Euro Eintritt kostet! Im Preis inbegriffen ist ein Shuttlebus, der die Clubgänger hin und her transportiert. *www.eu-clubnight.de*

G. PRASSNIK [144 C5]
In dieser Kiezkneipe mit einfachem Holzmobilar geht es traditionell und gemütlich zu mit Grünkohl und Würstchen (4 Euro) oder Pelmeni (2,50 Euro), Berliner Pilsener wird für 2 Euro (0,3 l) serviert. Lecker ist aber vor allem das selbstgebraute, unfiltrierte Bier zum selben Preis. Insider Tipp *Tgl. ab 19 Uhr | Torstr. 65 | Tel. 41 71 51 20 | U 2 Rosa-Luxemburg-Platz | Mitte*

INTIMES [152 C2]
Das Kino im gleichen Haus sorgt für ständigen Kundenstrom. Bier (ca. 2 Euro) und Wein (ab 2,50 Euro) fließen abends in rauen Mengen, dazu werden kleine Snacks (ab 2 Euro) gereicht. Mittags kocht das Kneipenteam ein günstiges Essen (3–4 Euro), das täglich wechselt. Für Menschen mit wenig Geld ein Hort der Gastlichkeit, wenngleich auch ein bisschen

abgeschabt. *Tgl. ab 10 Uhr, Boxhagener Str. 107 | Tel. 29 66 64 57 | U 5 Frankfurter Tor | Friedrichshain*

KASTANIE **[146 C2]**
Boulespieler treffen sich hier regelmäßig nach einer Runde auf dem Mittelstreifen vor dem schönen Biergarten. Zum frisch gezapften Bier (0,3 l ca. 2,50 Euro) gibt es ein halbes belegtes Brötchen schon für 1,30 Euro, und auch Pellkartoffeln mit Quark und Leinöl für 4,60 Euro machen prima satt. Drinnen sorgen die gediegenen Kneipenmöbel und Kerzen für lauschige Stimmung.

Möbel Olfe am Kottbusser Tor hat den Charme einer Trinkhalle mit Szene-Publikum

Tgl. ab 10 Uhr | Schloßstr. 22 | Tel. 321 50 34 | www.kastanie-berlin.de | U2 Sophie-Charlotte-Straße | Charlottenburg

MÖBEL OLFE **[159 D1]**

An einem der hässlichsten Orte der Stadt, dem Kottbusser Tor, geht es zu fortgeschrittener Stunde hoch her. Je später der Abend, desto mehr preiswertes Bier (0,3 l für 2 Euro) und Tequila (2 Euro) strömt in die durstigen Kehlen der Kotti-Anwohner. Am Wochenende legen DJs auf. Ab und zu lesen Berliner Autoren aus ihren düsteren Werken vor. Besonders Schwule und Lesben besuchen das Olfe gerne. *Di–So ab 18 Uhr | Dresdener Str. 177 | Tel. 23 27 46 90 | www.moebel-olfe.de | U 1, 8 Kottbusser Tor | Kreuzberg*

SCHMITTZ **[144 C5]**

Sportlich kneipieren: Eine Tischtennisplatte lädt zum Match ein. Wenn es voll ist, spielen die Gäste auch mal zu zehnt - in der linken Hand eine Flasche Becks (2 Euro), in der rechten die Tischtenniskelle, die man sich gegen ein Pfand am Tresen ausleihen kann. Sportverächter nippen derweil Cocktails (ab 4 Euro) oder knobeln beim Kneipenquiz, der einmal im Monat stattfindet. Nichtrauchern tränen alsbald allerdings die Augen, denn hier sind die Raucher in der Überzahl. Mittags wird täglich ein leckeres Essen für 4 Euro serviert sowie eine Suppe für 3 Euro. *Mo–Do ab 18.30, Fr ab 18, Sa ab 15, So ab 17 Uhr, Mittagstisch 12.30–15 Uhr | Gormannstr. 19 | Tel. 28 87 91 34 | www.schmittz.de | U 2 Rosa-Luxemburg-Platz | Mitte*

Insider Tipp

UFFELS **[152 C2]**

Das günstigste Bier weit und breit! In dieser Kiezkneipe mit Stammpublikum aus dem Punk- und Hausbesetzermilieu zahlen Sie für das Berliner Pilsener (0,3 l) nur 1,70 Euro, und ein 0,3-Glas prickelnde Fassbrause (Berliner Limospezialität) kostet 1,80 Euro! Nicht nur abends geht es hier laut und voll zu, das Bistro-Mobiliar ist daher schon ordentlich strapaziert. Aber das tut der guten Stimmung keinen Abbruch. Gespielt wird Ska, Early Reggae, Punk, Rockabilly, Swing, Jive, Surf und manchmal auch Rock´n´Roll. *Tgl. ab 15 Uhr | Gabriel-Max-Str. 3 | Tel. 29 36 73 85 | www.uffels.de | Tram 21 Simplonstraße | Friedrichshain*

> Ein Bett im Marzahner Plattenbau, oder doch lieber ein cooles Hostel im Szenebezirk? In Berlin haben Sie die Riesenauswahl. Und das Beste: Übernachten ist günstig!

Geschenkt: Sie wollen gar nicht schlafen, sondern lieber die Nacht zum Tag machen. Dennoch – irgendwann ist es soweit, und Sie müssen sich auch mal lang legen. Das soll dann möglichst wenig kosten? Wir haben für Sie die Rosinen aus dem Angebot gepickt. Was wirklich günstig ist und möglichst auch noch so, dass Sie schlafen können (keine Autobahn nebenan) stellen wir Ihnen auf den folgenden Seiten vor. Umsonst ist nicht nur das Nächtigen unter freiem Himmel (unbequem!), sondern auch das so genannte Couchsurfing (S. 105). Sie suchen sich übers Internet eine freie Unterkunft bei Familien und Wohngemeinschaften und lernen auf diese Weise gleich noch ein paar nette Berliner kennen. Oder wie wäre es zum Beispiel mit einem Bett im Plattenbau? Die Pension 11. Himmel (S. 116) in Marzahn bietet für 22 Euro pro Nacht die schönsten Zimmer mit Ausblick weit und breit. Wer es lieber idyllisch mag, sollte die Jugendherberge am Wannsee (S. 108) favorisieren mit eigener Badestelle und Beachvolleyballplatz. Angesichts der Fülle von Low-Budget-Betten in Berlin bleiben auch nach einer Mütze voll Schlaf

SCHLAFEN

noch jede Menge Euros übrig. Wie auch immer Sie sich entscheiden – schlafen Sie gut!

APARTMENTS & PRIVATZIMMER

ALL-BERLIN-APARTMENTS

Viel Auswahl und dann auch noch günstig: Über siebenhundert Berliner Wohnungen stehen Ihnen bei diesem Internetportal zur Verfügung. Viele der beschriebenen und mit Fotos dargestellten Apartments befinden sich mitten in der Innenstadt in nächster Nähe zu Sehenswürdigkeiten und Szene-Lokalen. In der Regel zahlen Sie für eine Ferienwohnung zwischen 20 und 30 Euro pro Person. *20–30 Euro p. P. | www.all-berlin-apartments.com*

APARTMENTS FIREBAR [139 D1]

Hier übernachten Sie nicht nur, sondern Sie wohnen in einem renovierten Altbau mit Ikea-Möbeln und Dielenböden in bester Lage in der Nähe der Oranienburger Straße. Bis zu acht Personen kommen in der 110 m^2 großen Vierzimmerwohnung oder einer Dreizimmerwohnung (85 m^2) zum kleinen Preis unter (140 Euro, bzw. 79 Euro/Nacht, inkl. Endreinigung, Bettwäsche und Handtücher!), die Rezeption ist die Firebar (S. 86) im selben Haus. Nach einem Absacker in selbiger können Sie entspannt ins gemachte Bett fallen. Mindestens zwei Nächte müssen Sie bleiben. *Tel. 46 0 61 28 11 | www.fire-club.de | Krausnickstr. 11 | S 1, 2, 25 Oranienburger Straße | Mitte*

DEGEWO [160 C4]
Sie mögen es schön futuristisch? Dann wohnen Sie doch mal in der sogenannten Schlange, einem Wohnkomplex auf einer Autobahntrasse im Bezirk Wilmersdorf. Im Gebäude befinden sich 1064 (!) Wohneinheiten – einer der größten zusammenhängenden Wohnkomplexe Europas. Schon ab 17.50 Euro pro Person (bei Übernachtung mit vier Personen) haben Sie hier ihr eigenes Dach über dem Kopf mit stilvoller Einrichtung. Vermieter ist die Wohnungsbaugesellschaft degewo. *17,50–55 Euro/Nacht* | *www.city-apart.de/home*

Insider Tipp

Zelten in der City ist in Berlin ganz in der Nähe vom Hauptbahnhof möglich

WBM
Wohnen, wo die Berliner leben: Die Wohnungsbaugesellschaft WBM vermietet mehrere hübsche Gästewohnungen zum kleinen Preis in Mitte und Friedrichshain in normalen Wohnblocks. Die Häuser sind u. a. renovierte Plattenbauten. Eine Einzimmer-Wohnung mit tollem Blick über die Stadt und Dachterrasse (!) in Friedrichshain kostet für bis zu vier Personen nur 48 Euro pro Nacht. Handtücher und Bettwäsche müssen mitgebracht werden. *48–85 Euro/Nacht | Scharnweber Str. 23–27 | Tel. 24 71 53 29 | www.wbm.de | U 5 Samariterstraße | Friedrichshain*

CAMPING

BERLINER CAMPINGCLUB [160 C3]
Morgens nehmen Sie als erstes ein Bad in der Havel, hören die Vögel zwitschern und dann ab zum Sightseeing in die City. Romantischer kann ein Berlinaufenthalt kaum sein, und günstig obendrein. Pro Person zahlen Sie 4,60 Euro, ein kleines Zelt kostet ca. 5 Euro. Die Zelte stehen auf einer Wiese direkt am Ufer, die sanitären Einrichtungen sind einfach aber sauber. Der Haken: Sie brauchen mindestens 50 Minuten bis zum Reichstag. *7,10–10 Euro p. P. | Ende März–Anfang Okt. | Niederneuendorfer Allee | Tel. 335 45 84 | Bus 136 Bürgerablage | Spandau*

CAMPINGPLATZ KUHLE WAMPE [161 E4]
Hier hören Sie die Hechte springen, und gleich danach hüpfen Sie selber ins glasklare Wasser der Großen Krampe, einem Ausläufer des Flüsschens Dahme. Eine BVG-Fähre bringt sie vom Berliner Stadtteil Schmöckwitz hinüber, oder Sie fahren vom Ortsteil Müggelheim aus durch den dichten Wald. In die City brauchen Sie ca. eine Stunde. *5,80 Eur p. P. u. Nacht, erm. (Kinder 6–16 J.) 2,50 Euro, Kinder unter 6 J. kostenlos, Zelt ohne Auto 5 Euro, mit Auto 8 Euro | April–Okt. | Sobernheimer Str. | Tel. 659 86 21 | Fähre F 21 Krampenburg | Köpenick*

TENTSTATION [149 D1]
Mitten in der Stadt zelten! Ganz in der Nähe des Hauptbahnhofs, befindet sich auf dem Gelände eines ehemaligen Freibads ein Campingplatz mit vielen jugendlichen Gästen. Im mit Sand gefüllten Schwimmbecken können die Gäste Beachvolleyball spielen. Wer kein Zelt und keine Iso-

Insider Tipp

matte hat, kann sich diese ausleihen. Achtung: 2011 wird der Zeltplatz voraussichtlich umziehen, daher lieber vorher anrufen. *Mai–Sept. | Seydlitzstr. 6 | Tiergarten | 11 Euro p. P. u. Nacht, erm. (10–17 J.) 8 Euro, Kinder (5–9 J.) 5 Euro, unter 5 J. kostenlos, Zeltmiete 4 Euro, Isomatte 1 Euro | Tel. 39 40 46 50 | www.tentstation.de | U-/S-Bahn Hauptbahnhof*

HOSTELS & HERBERGEN

ALCATRAZ [145 D2]

Ein Gefängnis sieht anders aus, daher kann der Name eigentlich nur für die Geborgenheit stehen, die auf einer kleinen Insel im Großstadtgewimmel des Szeneviertels Prenzlauer Berg entsteht. Hier kommen sich preisbewusste Backpacker und Gäste aus aller Welt schnell näher beim gemeinsamen Kochen in der Gästeküche oder beim Kickern. Die Zimmer (Einzel- bis Acht-Bettzimmer, 13–40 Euro pro Person) im typischen Berliner Altbau sind funktional und wenig gemütlich eingerichtet. Die Preise fallen im Vergleich mit anderen Hostels etwas höher aus, das liegt wohl an der Lage im Szenekiez. Großes Plus: Kostenlose Internetplätze sowie WLAN. *13–40 Euro p. P. | 80 Betten | Schönhauser Allee 133a | Tel. 48 49 68 15 | www.alcatraz-backpacker.de | U 2 Eberswalder Straße | Prenzlauer Berg*

ALL IN HOSTEL [152 B2]

Diese Herberge mit über 400 Betten und sehr günstigen Übernachtungspreisen eignet sich für alle Schnäppchenjäger, die wirklich nur ein Bett für die Nacht brauchen. Schon ab 7,77 Euro die Nacht können Sie im Achtbettzimmer eine Mütze voll Schlaf finden. Vorteil: Es gibt auch reine Frauen- und Männerschlafräume. Vierbett- (ab 12 Euro) und Doppelzimmer (ab 19 Euro pro Person) mit Dusche und WC sind funktional und wenig gemütlich, dafür aber preiswert. Es gibt eine hauseigene Bar mit Billard sowie eine Caféteria, wo sie für 4 Euro frühstücken können. *7,77–40 Euro p. P. | 411 Betten | Grünberger Str. 54 | Tel. 288 76 83 | www.all-in-hostels.de | U 5 Frankfurter Tor | Friedrichshain*

A & O HOSTEL FRIEDRICHSHAIN [152 C2]

Viele hundert Gäste checken täglich ein und aus, und manchmal fühlt man sich im Foyer wie auf einem Bahnhof. Die Preise für die Achtbett (ab 9 Euro pro Person) – bis Einzelzimmer (ab 25 Euro) sind günstig, dennoch sind die Zimmer freundlich eingerichtet und manche Zimmer ziert coole Graffiti von Berliner Künstlern. Internet und WLAN ist kostenpflichtig, Bettwäsche kostet für die Vier- bis Achtbettzimmer 3 Euro extra, Handtücher 1 Euro. Tipp: Auf der Internetseite werden tagesaktuelle Schnäppchenpreise angezeigt! Super Lage im Szenekiez Friedrichshain. Weiteres Plus: Pro Erwachsener übernachten bis zu zwei Kinder umsonst.

CLEVER!

> *Umsonst übernachten!*

Man lernt jede Menge neue Leute kennen und übernachtet auch noch umsonst: Couchsurfing ist das Zauberwort. Wer sich im Internet unter *www.couchsurfing.org* registriert, kann weltweit gratis bei netten Leuten unterkommen. In Berlin gibt es jede Menge Gastfamilien und -WGs, die einladen, auf ihrem Gästesofa oder -bett zu übernachten. Denn natürlich ist es in der Regel keine Couch, die man angeboten bekommt, sondern ein richtiges Bett!

9–41 Euro p. P. | 637 Betten | Boxhagener Str. 73 | Tel. 809 47 54 00 | www.aohostels.com/de/berlin | S 5, S 7, 8, 75 Ostkreuz | Friedrichshain

BACKPACKER BERLIN [152 C2]

In einem hübschen wilhelminischen Altbau können Sie in Ikea-Stil-Wohlfühlatmosphäre eines eher kleinen Gästehauses logieren. Pluspunkt: Die hellen mit Doppelstockbetten ausgestatteten Vierbettzimmer (18 Euro/Nacht) verfügen jeweils über eine eigene Dusche. Bei den anderen Zimmern (1–6-Bettzimmer) befinden sich die Badezimmer auf dem Gang. Frische Bettwäsche und Handtücher müssen Sie für 2 Euro dazu buchen, Schlafsäcke sind nicht erlaubt. *9.90–34 Euro p. P. | 22 Betten | Knorrpromenade 10 | Tel. 29 36 91 64 | www.backpackerberlin.com | U 5 Samariterstraße | Friedrichshain*

BAXPAX KREUZBERG [159 F1]

Wer sparen will und nichts gegen weitere 31(!) Personen im selben Zimmer (9–14 Euro/Nacht) hat, wird hier glücklich. Aber auch die cool gestylten Doppel- (19–25 Euro) oder Achtbettzimmer (ab 10 Euro) finden Anklang in der ehemaligen Fabrik.

Highlight ist das Doppelzimmer mit einem VW-Käfer als Bett! Frische Bettwäsche kostet 2,50 Euro, Schlafsäcke sind erlaubt. Gemeinsames Kochen ist möglich. Es gibt extra Frauenzimmer. *9–25 Euro p. P. | 129 Betten | Skalitzer Str. 104 | Tel. 69 51 83 22 | www.baxpax.de | U 1 Schlesisches Tor | Kreuzberg*

CITYSTAY-HOSTEL **[139 E2]**

Parkett und hohe Loftdecken sind das Plus in diesem ehemaligen Kaufhaus ganz in der Nähe vom Alexanderplatz. Den ästhetischen Komfort müssen Gäste im Vergleich nur mit einem Tick teureren Übernachtungspreisen bezahlen: Im Achtbettzimmer kostet die Nacht 17 Euro, im Sechsbettraum 19 Euro. Doppelzimmer kosten 25 Euro pro Person. Trotz der vielen Betten in manchen Räumen wirkt das Ambiente luftig. Gemütliche Bar im Eingangsbereich, die auch von den Bewohnern aus der Nachbarschaft genutzt wird. WLAN ist kostenlos, Bettwäsche kostet 2,50 Euro extra. *17–25 Euro p. P. | 220 Betten | Rosenstr. 16 | Tel. 23 62 40 31 | www.citystay-hostel.eu | S 5, 7, 9, 75 Hackescher Markt | Mitte*

COME BACKPACKERS **[159 D1]** Insider Tipp

Mitten im Szenekiez am Kottbusser Tor gelegen, müssen Sie hier nicht mal das Haus verlassen, um Party zu machen. Mehrere Clubs, u. a. der Monarch (S. 91), befinden sich ganz in der Nähe. Die Kneipe Möbel Olfe (S. 99) ist auch gleich um die Ecke. Wie schön, dass man am nächsten Tag erst um 13 Uhr auschecken muss, Ausschlafen ist also garantiert! In äußerst schlichten Schlafsälen mit bis zu 16 Betten nächtigen Sie ab 14 Euro pro Nacht, inklusive Bettwäsche (Vierbettzimmer 20 Euro/Nacht u. Person). Beim gemeinsamen Kochen in der riesigen Hostelküche lernen Sie schnell die anderen Bewohner kennen. *14–20 Euro p. P. | 60 Betten | Adalbertstr. 97 | Tel. 60 05 75 27 | www.comebackpackers.com | U 1, 8 Kottbusser Tor | Kreuzberg*

DARK HOSTEL **[152 C1]**

Die Gothic-Szene hat sogar ein eigenes Hostel in Berlin. Dabei geht es drinnen gar nicht so düster zu. Purpurfarbene Wände, samtrote Bettwäsche und weiße Holzbetten ergeben ein sehr stilvolles Ensemble. Doppelzimmer mit geteiltem Bad und Teeküche (je zwei Zimmer) können Sie schon für 40 Euro pro Nacht buchen. *DZ 40–95 Euro | 9 Zi. | Pettenkoferstr. 16 | Tel. 42 08 93 00 | www.darkhostel.de | U-/S-Bahn Frankfurter Allee | Friedrichshain*

EASTSEVEN **[144 C4]**

2009 wurde diese kleine Herberge (60 Betten) zum besten Hostel Deutschlands gekrönt. Jeder der mit hübschen Wandmalereien verzierten Schlafräume hat ein eigenes Bad, die Preise sind moderat (13–37 Euro pro Person im Einzel- bis Achtbettzimmer). Bettwäsche kostet 3 Euro, Handtücher 1 Euro. Im Sommer treffen sich die Gäste im lauschigen Garten, in dem häufig auch gegrillt wird oder in der Gemeinschaftsküche zum Brutzeln. *13–37 Euro p. P. | 60 Betten | Schwedter Str. 7 | Tel. 93 62 22 40 | www.eastseven.de | U 2 Senefelderplatz | Prenzlauer Berg*

GENERATOR **[161 D3]**

Deutschlands größtes Hostel mit über 900 (!) Betten in einem Plattenbau ragt direkt an der S-Bahn Landsberger Allee in den Himmel. Wer hier eine Übernachtung bucht, sollte sich Stockwerk und Zimmernummer ganz genau merken, denn sonst braucht es eine Zeit, bis man ankommt. Die futuristisch anmutende Einrichtung der Gemeinschaftsräume ist etwas Besonderes. Übernachtung ab 12 Euro. *12–35 Euro p. P. | 902 Betten | Storkower Str. 160 | Tel. 417 24 00 | www.generatorhostels.com | S 41, 42 Landsberger Allee | Prenzlauer Berg*

HEART OF GOLD HOSTEL **[139 D1]**

Ganz in der Nähe der Partyzone Oranienburger Straße treffen hier Gäste aus aller Welt auf helle, ruhige Räume im gepflegten Neubau. Wer große Gruppen liebt, bucht die Übernachtung ab 10 Euro im 400 m² großen 26-Bett-Schlafsaal. Lauschiger ist es im Einzelzimmer mit Dusche für 40 Euro. Tipp: Gäste, die mehr als sechs Nächte bleiben, bekommen die siebte gratis! *10–40 Euro p. P. | 108 Betten | Johannisstr. 11 | Mitte | Tel. 29 00 33 00 | www.heartofgoldhostel.de | U 6 Oranienburger Tor*

Insider Tipp

HELTER SKELTER HOSTEL **[138 C1]**

Hübsche Wandmalereien mit Sowjetsternen, lodernden Flammen, etc. lockern die Schlafsäle auf. Im größten, dem so genannten Bigdorm, nächtigen bis zu elf Personen, dafür kostet hier die Übernachtung nur ca.

11 Euro. Eine Nacht im Fünfbettzimmer kostet 15 Euro, im Dreibettraum sind 18 Euro, und im Zweibettzimmer 27 Euro pro Person zu zahlen. Alle Zimmer sind mit schlichten Kiefernholzmöbeln ausgestattet. Bettwäsche und Handtücher sind im Preis inbegriffen. In der Selbstversorger-Küche können Sie selber den Kochlöffel schwingen. Wer sich lieber bedienen lässt, zahlt für das Frühstück nur 3 Euro. WLAN ist kostenlos. *11–27 Euro p. P. | 80 Zi. | Kalkscheunenstr 4–5 | Tel. 28 04 49 97 | www.helterskelterhostel.de | U 6 Oranienburger Tor | Mitte*

JUGENDGÄSTEHAUS MITTE [142 C1]

Jung und alt fühlen sich gleichermaßen wohl, vor allem aber nutzen Schulklassen das Haus als Unterkunft. Wer gerne einzeln reist, bekommt hier die günstigsten Einzelzimmer weit und breit, zudem noch hell und freundlich eingerichtet. Für 28 Euro pro Nacht haben Sie zwar kein eigenes Badezimmer, aber Sie teilen sich die Dusche „nur" mit einem anderen Zimmer und nicht gleich mit der ganzen Etage. Es gibt auch Doppelzimmer (24 Euro pro Person) und Mehrbettzimmer (ca. 20 Euro pro Person) jeweils mit eigenem Bad. Alle Zimmerpreise verstehen sich inklusive Bettwäsche. *20–28 Euro p. P. | 80 Zi | Antwerpener Str. 40 | Tel. 491 02 24 30 | www.jgh-berlin.de | U 6, U 9 Leopoldplatz | Wedding*

JUGENDHERBERGE AM WANNSEE [160 C4]

Längst sind in den klassischen Jugendherbergen auch Senioren und Familien gern gesehene Gäste. Das tolle Seegrundstück mit Beachvolleyballplatz lässt Urlaubsstimmung aufkommen, dabei sind Sie nur 20 S-Bahn-Minuten von der Berliner City entfernt! Die neun schlicht, aber brauchbar eingerichteten Familienzimmer, jeweils mit eigenem Bad, müssen lange vorher gebucht werden, da sie schnell vergeben sind. Bettwäsche und Frühstück sind im Preis inbegriffen. Der Haken: Sie müssen Mitglied im Deutschen Jugendherbergsverband werden, das geht zwar schnell und unkompliziert vor Ort, kostet aber 21 Euro. Die Mitgliedskarte gilt für ein Jahr. *Ab 15 Euro p. P. | 80 Zi. | Badeweg 1 | Tel. 803 20 34 | www.jh-wannsee.de | S 1, 7 Nikolassee | Zehlendorf*

Insider-Tipp

THE ODYSSEE HOSTEL [152 C2]

Nach einer langen Reise fühlen sich in dem phantasievoll gestalteten Gasthaus alle wohl, die es gerne bunt mögen und unkompliziert. Hier kommen Sie etwa beim gemeinsamen Kochen in der Gästeküche schnell ins Gespräch mit Backpackern aus der ganzen Welt. Helle Räume mit einfachen Etagenbetten in einem Berliner Altbau. *13,50–36 Euro p. P. | 84 Betten | Grünberger Str. 23 | Tel. 29 00 00 81 | www.globetrotterhostel.de | U-/S-Bahn Warschauer Straße | Friedrichshain*

OSTEL [152 A1]

DDR-Charme bis unters Dach verströmt das Friedrichshainer Plattenbauhostel mit original DDR-Möbeln und einem Portrait von Erich Honecker im Foyer. Im Schlafsaal, Pionierlager genannt, übernachten Sie schon ab 9 Euro pro Nacht, inklusive Bettwäsche! Ein Doppelzimmer mit Bad auf dem Gang kriegen Sie für ca. 54 Euro, mit eigenem Bad kostet die Nacht zu zweit nur 61 Euro. Der Ostbahnhof sowie viele angesagte Clubs befinden sich direkt vor der Tür. *9–30,50 Euro p. P. | 43 Zi., 8 Ap. |*

Mischung aus Ritterburg und Piratenschiff: das Odyssee-Hostel

Wriezener Karree 5 | Tel. 25 76 86 60 | www.ostel.eu | S 7, 9 Ostbahnhof | Friedrichshain

Insider Tipp

PFEFFERBETT [144 C4]

Hier werden die Nächte nicht so scharf, wie es sich anhört: Auf dem Gelände einer ehemaligen Berliner Brauerei bietet das Kulturzentrum Pfefferberg ein eigenes Hostel mit sehr modernen und gepflegten Schlafsälen wahlweise für zwei bis acht (ab 12 Euro) Personen. Ein Doppelzimmer mit eigenem Bad, Fernseher und Internetzugang kostet zwar 64 Euro pro Nacht, dafür ist es auch wie ein Hotelzimmer eingerichtet. Viele Clubs, Restaurants und Bars in der Nähe. *12–32 Euro p. P. | 80 Zi., 180 Betten, 11 Ap. | Christinenstr. 18–19 | Tel. 93 93 58 58 | www.pfefferbett.de | U 2 Senefelderplatz | Prenzlauer Berg*

CLEVER!

> Günstig! Privatzimmer

Nicht jeder möchte umsonst bei fremden Leuten auf der Couch wohnen, aber gerne gegen ein geringes Entgelt in einem empfohlenen Haushalt mit Gästezimmer übernachten. Da ist die Berliner Agentur bed & butter genau das Richtige. Unter *www.bedandbutter.de* buchen Sie einfach ein Zimmer Ihrer Wahl, und auf Fotos können Sie sogar sehen, wie es dort aussieht. Wie wäre es zum Beispiel mit einem Zimmer für 24 Euro direkt am Hackeschen Markt?

> www.marcopolo.de/berlin

REGENBOGENHOSTEL [159 E2]

Günstiger kann man in Berlin kaum übernachten: Im – allerdings sehr beengt wirkenden – Acht- oder Zehnbettzimmer zahlen Sie (inkl. Bettwäsche!) nur 10 Euro pro Nacht, und das mitten im Kreuzberger Szenekiez! Dafür erwartet Sie in der kleinen bunt und fröhlich gestalteten Herberge (38 Betten) der Regenbogenfabrik, einem alternativem Kulturzentrum, eine familiäre Atmosphäre mit kleiner Gästeküche, schönem Hofgarten und vielen Bars und Kneipen um die Ecke. Es gibt auch sehr günstige Einzelzimmer (25 Euro pro Zimmer) und Doppelzimmer (34 Euro pro Zimmer). Ein leckeres Frühstück wird für 3,50 Euro angeboten. *10–25 Euro p. P. | 80 Zi. | Lausitzer Str. 22 | Tel. 69 57 95 22 | www.regenbogenfabrik.de | U 1, 8 Kottbusser Tor | Kreuzberg*

SCHLAFMEILE [152 C2]

In einem Berliner Hostel auf neuseeländische Art zu frühstücken (4 Euro) oder zu Abend zu essen, ist recht ungewöhnlich. Zu verdanken ist die kulinarische Exotik dem neuseeländischen Besitzer, der auch gerne Tipps zu seiner Heimat gibt. Im Szeneviertel von Friedrichshain gefällt es ihm allerdings viel besser, weshalb er sich hier mit seinem kleinen Gästehaus (ca. 65 Betten) eine neue Existenz geschaffen hat. Im Zehnbettzimmer kostet die Übernachtung nur 11,90 Euro, im Fünfbettzimmer 16,90 Euro, jeweils inklusive Bettwäsche und Badezimmern auf dem Flur. WLAN und Internetplätze sind gratis. *11,90–18,50 Euro p. P. | 80 Zi. | Weichselstr. 20 | Tel. 96 51 46 76 | www.schlafmeile.de | S-/U-Bahn Frankfurter Allee | Friedrichshain*

SINGER 109 [151 E3]

Der Fernsehturm ist zu Fuß zu erreichen, und auch die Spree ist nicht weit. Das hübsch restaurierte Gebäude aus dem 19. Jh. mit Atrium und gepflegten, zweckmäßig eingerichteten Zimmern ist zwar etwas teurer als andere Hostels, hat dafür aber auch viel Charme. Im Achtbett-Raum mit Dusche und WC zahlen Sie zwischen 16 und 21 Euro pro Person und Nacht. Ein Doppelzimmer kostet zwischen 33 und 40 Euro, je nach Saison. Separate Schlafräume für Frauen. Bettwäsche ist im Preis enthalten. *16–20 Euro p. P. | 80 Zi. | Singerstr. 109 | Tel. 868 78 70 | www.singer109.com | U 5 Straußberger Platz | Friedrichshain*

SOPHIENHOF BERLIN [139 E1] Insider Tipp

Im Hostel des CVJM nächtigen Sie ruhig und dennoch mitten im Zentrum des Ausgehviertels rund um den Hackeschen Markt. Berliner Dom und Museumsinsel sind nur einen Fußmarsch weit entfernt. Ein Vierbettzimmer im Berliner Altbau mit Frühstückbüfett kostet nur 88 Euro! Für ein Doppelzimmer mit Frühstück zahlen Sie 55 Euro. Duschen befinden sich auf dem Gang, Bettwäsche ist im Preis enthalten. *22–68 Euro p. P. |24 Zi. | Sophienstr. 19 | Tel. 28 49 77 77 | www.sophienhof-berlin.de | U 8 Weinmeisterstraße | Mitte*

THE SUNFLOWER HOSTEL [152 B3]

Sonnenblumen wachsen zwar nicht in der Lobby, doch das ganze Ambiente ist so bunt und fröhlich gestaltet, dass selbst im November Sommerstimmung herrscht. Jedes Zimmer hat eine anderes Design und kostet je nach Zahl der Mitbewohner und Jahreszeit (im Winter ist es günstiger) 10 (Achtbettzimmer) bis 22 Euro (Doppelzimmer). Wer lieber alleine schläft, ist mit ca. 35 Euro dabei. Im Juli und August wird ein Hochsaison-Zuschlag in Höhe von 1,50 Euro pro Nacht und Person genommen. Günstig: Insider Tipp das All-you-can-eat-Frühstücksbüfett für 3 Euro! *10–35 Euro p. P. | 38 Zi. | Helsingforser Str. 17 | Tel. 44 04 42 50 | www.sunflower-hostel.de | U-/S-Bahn Warschauer Straße | Friedrichshain*

THREE LITTLE PIGS **[138 A5]**

In bester Lage ganz in der Nähe vom Potsdamer Platz können Sie schon ab 13 Euro (im Achtbettzimmer) in einem hübschen, umgebauten Kloster übernachten. Im Vierbettzimmer zahlen Sie in der Hauptsaison nur 18 Euro, und ein Doppelzimmer ist schon für 23 Euro pro Person zu haben. Die Badezimmer befinden sich auf dem Gang. Wer die Dusche nicht gerne mit anderen teilt, zahlt im Doppelzimmer ca. 32 Euro. Bettwäsche kostet pro Person 2,50 Euro extra und muss mitgemietet werden, Schlafsäcke sind nicht erlaubt. Die Zimmer sind zweckmäßig eingerichtet mit Etagenbetten in den Mehrbettzimmern. In der Gemeinschaftsküche können Sie sich selber ein warmes Essen kochen. *13–32 Euro p. P. | 250 Betten | Stresemannstr. 66 | Tel. 32 66 29 55 | www.three-little-pigs.de | U-/S-Bahn Potsdamer Platz | Kreuzberg*

WOMBATS **[144 C5]**

An der belebten Torstraße gelegen, tauchen Sie hier so richtig ins pralle Berliner Leben ein mit vielen coolen Designerläden, Kneipen und Restaurants in der Nähe. Die Zimmer (Zwei- bis Sechsbettzimmer) kosten 17 bis 29 Euro, inklusive Bettwäsche. Es gibt auch kleine Apartments mit separatem Schlafraum. Die Einrichtung ist typischer Ikea-Stil. Internetterminals in der Lobby kosten 1,50 Euro pro Stunde, WLAN gibts kostenlos. Wer gerne kocht, kann in der modern ausgestatteten Gästeküche ein Menü zaubern. *17–29 Euro p. P. | 80 Zi. | Alte Schönhauser Str. 2 | Tel. 84 71 08 20 | www.wombats-hostels.com | U 2 Rosa-Luxemburg-Platz | Mitte*

HOTELS & PENSIONEN

Insider Tipp

ARTIST RIVERSIDE HOTEL [138 C1]

Einzelreisende werden mit einem tollen Blick – vom eigenen Balkon – auf die Spree belohnt. Für nur 58 Euro können Sie in zentraler Lage direkt vis à vis vom Bahnhof Friedrichstraße übernachten. Das Bad ist zwar auf dem Gang, aber Sie sind der einzige Benutzer. Schöner kann ein Single-Aufenthalt kaum sein. Für nur 10 Euro zusätzlich können Sie den schönen Spa-Bereich besuchen, u. a. mit Spreeblick-Sauna, und Dampfbad. *58 Euro/Einzelzi. | 40 Zi. | Friedrichstr. 105–106 | Tel. 28 49 00 | www.tolles-hotel.de | U-/S-Bahn Friedrichstraße | Mitte*

DIE FABRIK [152 A4]

Stilvoll und dennoch preiswert: In diesem kleinen, persönlich geführten Hotel kosten Doppelzimmer nur ca. 55 Euro (Bad auf dem Gang), dafür bekommen Sie eine liebevoll arrangierte Einrichtung aus Möbeln der letzten hundert Jahre und das Szeneviertel Wrangelkiez vor der Tür. Wer es noch günstiger mag, bucht ein Bett

CLEVER!

> Übernachtung mit Musical inklusive

Ein Glas Sekt zum Empfang, eine Wellnessmassage inklusive und Tickets für ein Musical – viele bessere Hotels bieten Arrangements, bei denen Sie kräftig Geld sparen. Wer zum Beispiel ein Musical-Paket bucht, bekommt zum Doppelzimmer (ca. 200 Euro) in einem Mittelklasse-Hotel, z.B. im im 4-Sterne-Hotel Lindner Hotel am Ku'Damm ([148 A5] | *Kurfürstendamm 24 | Tel. 81 82 50 | www.lindner.de | U 1, U 9 Kurfürstendamm | Charlottenburg*), zwei Tickets für die Blue Man Group-Show am Potsdamer Platz dazu. Auch das Kempinski Berlin (S. 118) und andere Luxushotels bieten häufig vergleichsweise preiswerte Musical-Arrangements an. Aktuelle Infos zu den passenden Angeboten finden Sie unter *www.musicalpaket.de/berlin.* Wählen Sie aus, was Sie sehen möchten und klicken Sie „mit Übernachtung" an. Oder geben Sie einfach bei Google „Musical Hotel Berlin" ein und prüfen Sie die Ergebnisliste.

in einem der Schlafsäle (7 Betten) für 18 Euro die Nacht. Im angeschlossenen Café können Sie günstig frühstücken (ab 3,50 Euro). WLAN ist kostenlos. *DZ 55 Euro, Bett im Schlafsaal 18 Euro | 45 Zi. | Schlesische Str. 18 | Tel. 611 82 54 | www.diefabrik.com | U 1 Schlesisches Tor | Kreuzberg*

DAS HOTEL **[159 E1]**
Für Fans der 1920er-Jahre ist dieses kleine Gästehaus im Kreuzberger Kiez ein Paradies: Alle Zimmer (Doppelzimmer nur 50 Euro!) wurden stilecht mit Möbeln aus dieser Epoche ausgestattet. Jedes Zimmer verfügt über eine Kochgelegenheit, der Haken: Sie müssen mindestens drei Tage bleiben. Aber wer sich hier erstmal häuslich niedergelassen hat, will – zumal bei diesen Preisen – sowieso so schnell nicht wieder gehen. *DZ 50 Euro | 4 Zi. | Mariannenstr. 26 a | Tel. 84 11 84 33 | www.dashotel.org | U 1 Görlitzer Bahnhof | Kreuzberg*

HOTEL DE FRANCE **[161 D3]**
Berlin für zwei heißt ein verlockendes Angebot im ehemaligen Kulturzentrum der französischen Streitkräfte. Zwei Übernachtungen, inklusive üppigem Frühstücksbüfett und zwei Welcomecards (S. 11) kosten nur ca. 200 Euro. Für Schüler- und Studenten gibt es bei den regulären Übernachtungspreisen (Doppelzimmer 70 Euro mit eigenem Bad) 20 Prozent Rabatt. Ein Einzelzimmer kostet Schüler und Studenten nur 30 Euro. Schöne Zimmer im 1960er-Jahre-Bau. *DZ 55–70 Euro | 50 Zi. | Müllerstr. 74 | Tel. 41 72 90 | www.hoteldefrance-berlin.de | U 6 Rehberge | Wedding*

KARIBUNI **[159 F5]** Insider Tipp
Direkt an Neuköllns quirliger Einkaufsmeile Karl-Marx-Straße können Sie günstig und gut übernachten. Doppelzimmer mit eigener Dusche (auf dem Gang) bekommen Sie schon ab 46 Euro pro Nacht (ohne Frühstück). Alle Räume des familiär geführten Hotels im typischen Berliner Altbau sind individuell gestaltet u. a. mit Kolonialmöbeln und Wandmalereien. Karibuni heißt „Guten Tag" im Osten Afrikas. *DZ 46–71 Euro, Dreibettzi. 79–84 Euro | 11 Zi., 1 Ap. | Neckarstr. 2/Ecke Karl-Marx-Str. | Tel. 687 15 17 | www.karibuni-hotel.de | U 7 Rathaus Neukölln | Neukölln*

Bild: Afrika-Design in der Neuköllner Pension Karibuni

MEINGER [149 E1]

Den besten Blick auf den Hauptbahnhof, bzw. das Regierungsviertel haben Sie von diesem neuen 3-Sterne-Haus direkt neben den Gleisen. Schallschutzfenster sorgen dafür, dass Sie vom Bahnhofslärm nicht viel mitbekommen. Die Zimmer sind modern gestaltet mit Fernseher und eigenem Bad. Im sogenannten Minidorm für bis zu vier Personen können Sie auch mit netten anderen Berlinbesuchern gemeinsam nächtigen, das kostet dann nur ca. 24 Euro. *Minidorm 24 Euro, Schlafsaal 18 Euro | 296 Zi. | Ella-Trebe-Str. 9 | Tel. 66 63 61 00 | www.meininger-hotels.com | U-/S-Bahn Hauptbahnhof | Tiergarten*

MOTEL ONE [160 C4]

Gehobener Standard bei niedrigen Preisen ist das Erfolgsrezept dieser Designerhotelkette. Eine gute Adresse für alle, die zwar auf den Preis schauen (Doppelzimmer ab 59 Euro/ Nacht ohne Frühstück), aber auch Regendusche, Flachbildfernseher und WLAN auf dem Zimmer schätzen. Das Hotel am Stadtrand im Süden Berlins ist zwar etwas abgelegen, dafür aber günstiger als die Filialen in der City. Die Autobahn ist nicht weit. *DZ 59 Euro | 105 Zi. | Heinrich-Hertz-Str. 6 | Tel. 76 68 69 86 | www.motel-one.de | Bus 628 Albert-Einstein-Ring | Kleinmachnow*

MÜGGELSEEPENSION [141 D5]

Idyllischer gehts nimmer: Direkt am Spreezulauf zum Müggelsee können Sie herrliche Spaziergange am Ufer unternehmen oder mit dem Ausflugsdampfer Richtung Innenstadt schippern. Die kleine Pension bietet gemütlich eingerichtete Einzel- und Doppelzimmer (inkl. Frühstück) mit eigenem Bad sowie eine Ferienwohnung für bis zu vier Personen (ab 59 Euro). Wer länger als vier Nächte bleibt, bekommt ca. 10 Prozent Rabatt! *DZ 42–74 Euro, Ap. ab 59 Euro | 9 Zi. | Josef-Nawrocki-Str. 12 | Tel. 64 09 03 26 | www.mueggelseepension.de | Tram 60 Bölschestr. | Friedrichshagen*

PENSION 11. HIMMEL [161 E3] Insider Tipp

Plattenbaufeeling und Landhausromantik in einem? Ein Aufenthalt im Marzahner Plattenbau mit wahlweise Hängematten oder Königinnenbett ist ein einmaliges und zumal äußerst preiswertes Erlebnis (11 Euro pro

Person inkl. Frühstück!). In der Pension 11. Himmel am Stadtrand von Berlin haben Kinder und Jugendliche des benachbarten Freizeitzentrums eine kleine, sehr bunt und kreativ gestaltete Herberge geschaffen mit Gästeküche, Kaminsalon und Bibliothek. *DZ 22 Euro | 6 Zi. | Wittenberger Str. 85 | Tel. 93 77 20 52 | www.pension-11himmel.de | M8 Wittenberger Straße | Marzahn*

PENSION KNESEBECK **[136 C2]**
Sie reisen zu mehreren? Kein Problem! In dieser netten, preisgünstigen Unterkunft sind Drei- und Vierbettzimmer nichts Ungewöhnliches, was u. a. für Familien attraktiv ist. Die Zimmer sind schlicht gestaltet mit hellen Holzmöbeln. Viele Restaurants und Bars befinden sich in der Nähe, zum Zoo und Kurfürstendamm ist es ebenfalls nicht weit. *DZ 52–64 Euro, 3-Bettzi. 84–90 Euro, 4-Bettzi. 90–100 Euro | 9 Zi. | Knesebeckstr. 86 | Tel. 312 72 55 | www.pensionknesebeck.de | S 5, 7, 9, 75 Savignyplatz | Charlottenburg*

ROCK`N´ROLL HERBERGE **[159 E1]**
Sieben Zimmer zum kleinen Preis bietet diese Szene-Herberge im Herzen von Kreuzberg. Die Zimmer sind mit Wandmalereien von rockenden Musikern geschmückt und mit Holz- oder Metallbetten eingerichtet. Im Foyer können Sie ein Bierchen trinken und Billard oder Kicker spielen. Und vielleicht treffen Sie ja den Rock- oder Popstar von morgen, da hier tatsächlich viele Bands übernachten. *DZ ab 49 Euro, 3-Bettzi. 64 Euro, 5-Bettzi. 89 Euro | 7 Zi. | Muskauer Str. 11 | Tel. 61 62 36 00 | www.rock-n-roll-herberge.de | U 1 Görlitzer Bahnhof | Kreuzberg*

STEPS **[143 D1]**
Auch Familien oder Senioren mit Toleranz für temperamentvolle Jugendgruppen fühlen sich wohl in dem im Ikea-Stil eingerichteten Weddinger Jugendhotel, das von einem schwäbischen Ehepaar persönlich geführt wird. Die geräumigen Mehrbettzimmer teilen sich das Bad mit Dusche und WC jeweils mit einem weiteren Zimmer. Auf Wunsch wird auch Halbpension angeboten. *DZ 67 Euro, Dreibettzi. 86 Euro, Vierbettzi. 114 Euro, inkl. Frühstück | 96 Betten | Liebenwalder Str. 32 | Tel. 457 98 40 | www.steps-hotel.de | U 6 Seestraße | Wedding*

Im 5-Sterne-Hotel zu nächtigen ist in Berlin gar nicht so teuer, wie Sie vielleicht denken. Besonders Arrangements, die Sie am besten über das Internet buchen, machen einen Luxus-Aufenthalt an der Spree zum Schnäppchen. Bei Reiseveranstaltern wie Dertour, Neckermann oder Tui zahlen Sie während der Wintersaison für drei Tage im Nobelhotel, inklusive Frühstück und freiem Zugang zum Wellnessbereich, weniger als 500 Euro pro Zimmer! Internetplattformen, wie z. B. *www.holidaycheck.de* zeigen die besten Angebote an.

BRISTOL HOTEL KEMPINSKI BERLIN **[136 C3]**

Die bekannteste Nobelherberge im Westen Berlins: Direkt am Ku´damm gelegen können Sie stilvoll und luxuriös übernachten. Ein klassisch eingerichtetes 21 m² großes Doppelzimmer bekommen Sie zu bestimmten Zeiten, etwa im Januar, schon ab 130 Euro pro Nacht, inklusive Nutzung des Spa-Bereichs. Vergleichsweise günstig sind auch Musicalarrangements: Zur Übernachtung bekommen Sie Karten für ein Musical dazu. Mit Frühstück (regulär 25 Euro) kostet das ca. 170 Euro pro Person (regulär ca. 230 Euro). *DZ ab 130 Euro | 246 Zi., 55 Suiten | Kurfürstendamm 27 | Tel. 88 43 40 | www.kempinskiberlin.de | U 1 Uhlandstraße | Charlottenburg*

HOTEL CONCORDE **[137 D4]**

New-York-Style in Berlin: In diesem 5-Sterne-Designerhotel im Art-déko-Stil mit großzügigen Zimmern und Suiten ganz in der Nähe des Ku´damms fühlen Sie sich fast wie in Manhattan. Der 17-stöckige Bau wurde von Jan Kleihues entworfen. Schon für ca. 126 Euro (regulär 140 Euro) pro Nacht können Sie im 35 m² Doppelzimmer mit allem erdenklichen Komfort und Originalen von deutschen Künstlern nächtigen. Zahlen müssen Sie bei diesem Schnäppchenpreis sofort nach der Buchung, und es gibt keine Stornomöglichkeit. Kinder (bis 12 J.) übernachten kostenlos. *DZ ab 126 Euro | 311 Zi. u. Suiten | Augsburger Str. 41 | Tel. 800 99 90 | www.concorde-hotels.com | U 1, 9, Kurfürstendamm | Wilmersdorf*

LUXUS LOW BUDGET

HOTEL PALACE BERLIN [137 E3]

Zum KaDeWe ist es ein Katzensprung, zum Ku'damm ebenfalls: Vom Shoppen können Sie sich in ca. 35 m² großen Zimmer mit Möbeln im altenglischen Stil des 5-Sterne-Hotels erholen. Berühmt ist das mit einem Michelinstern gekrönte Gourmetrestaurant first floor, das Sie am günstigsten im Rahmen eines vom Hotel angebotenen Arrangements besuchen, z. B. zwei Übernachtungen mit zwei Gourmetmenüs kosten nur ca. 330 Euro pro Person (regulär ca. 425 Euro). Der Wellnessbereich ist einer der schönsten in Berlin. *Gourmetarrangement 2 Tage 330 Euro p. P. | 250 Zi, 32 Suiten | Budapester Str. 45 | Tel. 25 02 11 9 | www.palace.de | U 1, 2 Wittenbergplatz | Charlottenburg*

PULLMAN BERLIN SCHWEIZERHOF [137 F3]

Berühmt für seinen Komfort und den modernen Wellnessbereich können Sie im Berlin Schweizerhof bereits ab ca. 130 Euro (regulär 155 Euro) pro Nacht ein 24 m² großes, modern eingerichtetes Doppelzimmer buchen. Allerdings müssen Sie mindestens 4 Wochen vorher buchen, und Sie haben keine Storno-Möglichkeit. Kinder unter 12 Jahren übernachten gratis im Zimmer ihrer Eltern. Das Hotel befindet sich ganz in der Nähe vom Zoologischen Garten und der Gedächtniskirche. *DZ ab 126 Euro | 383 Zi, 10 Suiten | Budapester Str. 25, Tel. 269 60 | www.pullmanhotels.com | U 1, 2 Wittenbergplatz | Charlottenburg*

STEIGENBERGER BERLIN [137 D4]

Modernes Design, Regenwalddusche, Kingsize-Betten und 24 m² Platz erwarten Sie in diesem 5-Sterne-Hotel in der Nähe vom KaDeWe, Kurfürstendamm und der Gedächtniskirche. Verzichten Sie auf eine Stornierungsmöglichkeit, buchen Sie ein Superior-Zimmer schon ab ca. 114 Euro (regulär 135 Euro). Zwar ist darin kein Frühstück enthalten (23 Euro extra pro Person), aber es gibt viele kleine Cafés in der Nähe, wo Sie preiswert frühstücken können. *DZ ab 126 Euro | 386 Zi, 11 Suiten | Los-Angeles-Platz 1 | Tel. 212 70 | www.steigenberger.com | U 1, 9 Kurfürstendamm | Wilmersdorf*

> Abenteuer und Action für Kids gibt es nirgends so viel wie in Berlin. Vieles davon kostet keinen Cent, das freut die Eltern, und es bleibt noch was übrig für das eine oder andere Eis!

Na klar! Kinder lieben die Großstadt. Spannende Museen und Abenteuerspielplätze gibt es so viele, dass man längst erwachsen ist, bis man alle kennen gelernt hat. Und vor allem, Spaß und Spiel in der Stadt müssen nicht teuer sein. Das zeigen die vielen kostenlosen Kinder- und Straßenfeste, oder die Mitmachveranstaltungen in Kultureinrichtungen. Ob Akrobatik üben im Kinderzirkus oder Plantschen im Park, eines wird Ihnen und Ihren Kleinen gewiss fehlen – Langeweile! Und wer zwischendrin Hunger bekommt geht einfach günstig eine Pizza essen in einem Kindercafé (S. 126) oder zaubert aus der Picknicktasche Leckeres für das Essen auf der grünen Wiese des Kinderbauernhofs (S. 122). So wird ein Aufenthalt in Berlin garantiert auch für Ihren Nachwuchs ein unvergessliches Erlebnis und für Sie schön preiswert. Ein Glück!

ABENTEUER & ACTION

ABENTEUER MUSEUM

Der böse Wolf ist eigentlich nur ein Horn, jedenfalls im Stück „Peter und der Wolf" von Sergei Prokofjew. Im

MIT KINDERN

Musikinstrumentenmuseum können Kleine spielerisch das Stück erkunden und die Wirkung der Instrumente. Auch in fast allen staatlichen Museen finden regelmäßig Kinderführungen und Workshops für wenig Geld statt. Die Betreuer haben eine musische, kunsthistorische und pädagogische Vorbildung und schaffen es, Kinder für die Ausstellungen zu begeistern. Das aktuelle Programm finden Sie im Internet oder können Sie telefonisch erfragen. *Kosten 3–5 Euro | Tel. 266 42 42 42 | www.museumsportal-berlin.de*

ABENTEUERSPIELPLATZ KOLLE 37 [145 D4]

Rabauken im Paradies: Hier bauen Kinder ihr Traumhaus oder streicheln Kaninchen, und im Sommer flackert ein fröhliches Lagerfeuer, das alles bei freiem Eintritt. Bei Regen können Kinder in der Tischlerei werken, Körbe flechten lernen und sogar schmieden. Geeignet für Kinder von 6–14 Jahren. Es gibt aber auch einen Kleinkinderbereich. *Eintritt frei | Mo–Sa 13–18 Uhr | Kollwitzstr. 35–37 | Tel. 442 81 22 | www.kolle37.de | U 2 Senefelder Straße | Prenzlauer Berg*

BONBONMACHEREI [139 D1] Insider Tipp

Wie werden eigentlich Bonbons hergestellt? In der Schauwerkstatt können Kinder nicht nur zuschauen wie der Bonbonteig verarbeitet wird, sondern werden zwischendurch mit warmen Bonbonkugeln verköstigt. Natürlich kann man die fertigen Drops auch kaufen, zehn Stück kosten nur ca. 1 Euro. Von Limetten- bis Lakritzbonbons ist alles dabei. Lecker! *Eintritt frei | Mi–Sa 12–20 Uhr | Oranienburger Str. 32 | Tel. 44 05 52 43| www.bonbonmacherei.de | S 1, 25 Oranienburger Straße | Mitte*

CABUWAZI [152 A3]

Jonglieren lernen ist ganz leicht: Im Zirkuszelt des Berliner Kinderzirkus-Projekts dürfen nicht nur Berliner Kinder mitmachen, sondern alle, die Lust dazu haben. Beim Jonglieren, Diabolo werfen und Seiltanzen während des offenen Trainings (kostenlos) haben Ihre Kleinen garantiert jede Menge Spaß. Termine am besten telefonisch erfragen. *Teilnahme kostenlos | May-Ayim-Ufer 2 | Tel. 22 50 24 61 | www.cabuwazi.de | U 1 Schlesisches Tor | Kreuzberg*

FREIZEITPARK TEGEL [160 C2]

Plantschen und andere nass spritzen – in der heißen Jahreszeit wollen Kinder am liebsten im Wasser tollen. Ein Wasserspielplatz am Nordostufer des Tegeler Sees bringt Ihre Kleinen bestens auf Trab. Dort gibt es auch eine Seilbahn, Schaukeln und nebenan jede Menge Wiese zum Toben oder Federball spielen. Schläger können Sie ausleihen. Wer hungrig wird, kann sich am Imbiss auf dem Gelände mit Pommes und Würstchen eindecken. *Eintritt frei | April–Okt. tgl. 9–19 Uhr | An der Malche | Tel. 434 66 66 | U 6 Alt-Tegel | Tegel*

JUGENDFARM IM MAUERPARK [145 D4]

Ponys, Schweine, Schafe und jede Menge Kaninchen geben den Ton an, während Kinder hier lernen auszumisten oder in der angrenzenden Werkstatt zu töpfern, schmieden oder filzen. Gleich um die Ecke befindet sich das Café Niesen (S. 54), wo Eltern in Ruhe Zeitung lesen können und Kaffee trinken, während der Nachwuchs die Ziegen kämmt. *Eintritt frei | Mo–Fr 11.30–18, Sa 13–18 Uhr, März–Aug. bis 18.30 Uhr | Schwedter Str. 90 | Tel. 44 02 42 20 | www.jugendfarm-moritzhof.de | U-/S-Bahn Schönhauser Allee | Prenzlauer Berg*

KINDERBAD MONBIJOU [139 D2]

Das Gejuchze der kleinen Schwimmer spricht für sich – hier zeigt sich Berlin von seiner kinderfreundlichsten Seite. Mitten im Touristen-Bermudadreieck dürfen Kinder im eigenen Schwimmbad den Sommer genießen. Die Becken sind nicht tiefer als 1,30 m, der Eintritt für wenig Geld verlockt zum mehrfachen Besuch. Wer älter als 15 Jahre ist, muss draußen bleiben, sofern er oder sie nicht ein Kind begleitet. *Eintritt 4 Euro, erm. 2,50 Euro | Mai–Sept. Mo–Fr 11–19 Uhr, Sa, So 10–19 Uhr | Oranienburger Str. 78 | Tel. 282 86 52 | www.berlinerbaederbetriebe.de | S 1, 2, 25 Oranienburger Straße | Mitte*

KULISSENFÜHRUNG DEUTSCHE OPER [147 E3] Insider Tipp

Gehen Sie doch mal mit Ihren Kinder nicht in die Oper, sondern hinter die Oper: Wer wissen will, wie es auf einer Bühne aussieht, sollte an einer Familienführung durch die bühnentechnischen Werkstätten, die Bühne und das Bühnenbildmagazin der Deutschen Oper in Charlottenburg teilnehmen. Die kindgerecht aufbereitete Tour dauert 60 Minuten und kostet nur 5 Euro pro Person. Termine bitte telefonisch erfragen. *Eintritt 5 Euro | Bismarckstr. 35 | Tel.*

Cabuwazi bringt Ihren Kindern Jonglieren oder die Kunst des Diabolosports bei

34 38 42 25 | www.deutscheoperberlin.de | U 2 Deutsche Oper | Charlottenburg

DIE NISCHE **[152 B3]**

Der Name ist Programm: Zwischen Fernbahngleisen und Rudolfplatz hält sich wacker ein kleiner Abenteuerspielplatz mit Baumhaus, afrikanischer Lehmhütte, indianischer Klanghütte zum Musizieren sowie kleinem Streichelzoo mit Ziegen, Kaninchen und Frettchen. Der Grillplatz mit Bank und Tisch wird gern für Kindergeburtstage reserviert. Trommelworkshops, Töpfern, Tanz und Hausaufgabenbetreuung gehören u. a. zum Programm des Jugend- und Kinderfreizeithauses. *Eintritt frei | Mo–Sa 12–19 Uhr | Am Rudolfplatz 17 | Tel. 29 66 69 02 | U-/S-Bahn: Warschauer Straße | Friedrichshain*

ÖKOINSEL **[161 E3]**

Ein Ausflug in die Natur lohnt sich auch in der Stadt: Ein kleines Tropenhaus, Arznei- und Gemüsegarten sowie Bienenstöcke und ein Lehmbackofen bringen Spaß auf dem Gelände des Freizeit- und Erholungszentrums (FEZ), Europas größtem Kinder- und Jugendzentrums. Kinder und Eltern erfahren eine Menge über Insekten, Imkerei, tropische Pflanzen, Brotbacken und Naturheilkunde. Oder wie wäre es mit Papier schöpfen? *Eintritt frei | März–Okt. Mi, Do 14–16 Uhr, Sa 13–18 Uhr, So 10–18 Uhr (außer Sommerferien) | An der Wuhlheide 197 | Tel. 53 07 14 47 | www.fez-berlin.de | S 3 Wuhlheide | Köpenick*

PARKEISENBAHN **[161 E3]**

Ihre Kids wollen später mal Lokomotivführer werden? In der Wuhlheide, Berlins 166 ha großer grüner Lunge, gibt es eine Parkeisenbahn mit echten Waggons und Dampf-Lokomotive! Schaffner, Schrankenwärter und sogar Zugführer sind Kinder, die zuvor in Kursen dafür ausgebildet wurden. Man kann eine Rundfahrt machen oder ein paar Stationen fahren. *Rundtour 3 Euro, Kinder bis 14 J. 2 Euro, Kurzstrecke 2 Euro, Kinder 1 Euro | April–Okt., Fahrzeiten tel. erfragen | An der Wuhlheide | Tel. 53 89 26 60 | www.parkeisenbahn.de | S 3 Wuhlheide | Köpenick*

SCHOKOLADENKAUFHAUS **[138 C4]**

Fassbender & Rausch am Gendarmenmarkt ist das größte Schokoladenkaufhaus der Welt! Schon die Schaufenster machen Appetit: das Brandenburger Tor, der Berliner Reichstag und der Fernsehturm sind aus Schokolade nachgebaut. Drinnen fließt aus einer Art Minivulkan ohne Unterlass glänzende, flüssige Schokolade. Naschkatzen wollen natürlich auch mal probieren. Kleine Täfelchen gibt es schon ab 15 Cent! *Eintritt frei | Mo–Sa 10–20, So 11–20 Uhr | Charlottenstr. 60 | Tel. 20 45 84 43 | www.fassbender-rausch.de | U 2, 6 Stadtmitte | Mitte*

STEIFF IN BERLIN [137 D3]

Ein Bummel durch die riesige Auswahl an Plüschtieren im Laden der berühmten Stofftierfirma lässt Sie in eine faszinierende Tierwelt eintauchen. Niedliche Teddys tummeln sich auf den Regalen, Affen schwingen sich von Ständer zu Ständer, aber auch Sammlerstücke in limitierter Auflage lassen Eltern und Kinder staunen. Erfinderin des Teddys ist die Schwäbin Margarete Steiff, die ihr Unternehmen 1880 gründete. Sie benannte den Spielzeugbären nach Teddy Roosevelt, den damaligen US-amerikanischen Präsidenten. *Eintritt frei | Mo–Sa 10–20 Uhr | Kurfürstendamm 220 | Tel. 88 62 51 58 | www.steiff.com | U 9 Kurfürstendamm | Charlottenburg*

WALDSPIELPLÄTZE

Insider Tipp

Mitten im Wald rutschen oder Seilbahn fahren kann man auf dem Waldspielplatz am Schildhorn im Grunewald. Die Spielgeräte sind aus Naturmaterialien gestaltet: Hölzerne Spielschiffe, Kletterspinnen und Rutschentürme passen sich prima in die Umgebung ein und versüßen Kindern den Waldspaziergang. Tische und Bänke laden zum Picknicken ein, z. B. auch in Hermsdorf am Ende der Schulzendorfer Straße, außerdem in der Nähe des Müggelsees, Zufahrt über Müggelseedamm, Jagen 309. Wo sich weitere Waldspielplätze befinden, erfährt man beim Landesforstamt unter der *Tel. 64 19 37 30. Eintritt frei*

WASSERWERK FRIEDRICHSHAGEN [161 E4]

Auf zum Müggelsee! Dort können Sie nicht nur baden, sondern auch ein tolles Technikdenkmal besuchen. In einem der ältesten Wasserwerke lernen Sie alles über die Trinkwassergewinnung. Im Maschinenhaus mit drei

Schöpfmaschinen kann man studieren, wie früher das Wasser aus dem Müggelsee geholt wurde. *Eintritt 2,50 Euro, Kinder 1 Euro | Di–Fr 10–16, So 10–17 Uhr | Müggelseedamm 307 | Tel. 86 44 76 95 | www.museum-im-wasserwerk.de | Tram 60 Altes Wasserwerk | Friedrichshagen*

ESSEN & TRINKEN

CHARLOTTCHEN [147 D5]

Berühmt kinderfreundlich und günstig dazu! Saft oder Limo für die Kleinen kostet hier nur 80 Cent (0,1 l), und wenn Sie mal ohne die Gören entspannen wollen, schicken Sie sie einfach für ein Weilchen nach nebenan ins Tobezimmer. Am liebsten schauen sich die Kinder aber eines der Theaterstücke an, die mehrmals wöchentlich im benachbarten Bühnenraum gezeigt werden. *Mo–Fr ab 15, Sa, So ab 10 Uhr | Droysenstr. 1 | Tel. 324 47 17 | www.mosaik-services.de | S 5, 7, 8, 75 Charlottenburg | Charlottenburg*

LA PAUSA [144 B4]

Die hervorragende Pizza bei gleichzeitig sehr gutem Preis-Leistungs-

CLEVER!

> Kostenloser Internetstadtführer für Kinder

Ihre Kinder suchen Abenteuer in den Straßen von Berlin? „Sidney in Berlin" heißt ein Hörspiel, das gratis aus dem Internet herunter geladen werden kann. Die Geschichte um einen ausgerissenen Hund namens Sidney und zwei Kinder, die sich allein in der Stadt zurechtfinden müssen, weil ihr Onkel sie nicht vom Bahnhof abgeholt hat, ist nicht nur spannend, sondern prima bildend. Kinder erfahren ganz nebenbei jede Menge über die Berliner Sehenswürdigkeiten, Museen und Leute wie den Rikschafahrer Tourbo und einen Puppentheaterdirektor. Rund 3 Stunden dauert es, wenn man den Spuren von Sidney und seinen Freunden durch die Stadt folgt. Ein Superspaß für Kinder ab ca. 10 Jahren! Tipp: Man kann die Geschichte auch als CD bekommen beim *Medienzentrum Clip, Postfach 30 32 48, 10729 Berlin.* Bitte Rückporto (1,45 Euro) beilegen, damit die CD versandt werden kann. *www.kiezscout.de*

verhältnis (ab 1,80 Euro!) führt Erwachsene mit Kindern regelmäßig hierher. Wer seine Pizza vor Ort essen möchte, nimmt an einem der Fenstersitze Platz und schaut sich beim Essen das quirlige Treiben auf der Kreuzung an. Superangebot: Das Kindermenü mit Pizza nach Wahl, Getränk und Überraschungsei kostet nur 2,50 Euro! Sehr freundlicher Service. *Tgl. 10–24 Uhr | Torstr. 125 | Tel. 24 08 31 08 | U 8 Rosenthaler Platz | Mitte*

MÖWENPICK [137 E3]

Bloß nicht zu schnell wachsen: Kinder unter 1,10 m dürfen nämlich umsonst essen oder trinken! Da wird der Möwenpick-Eisbecher gleich nochmals so verlockend. Und die Erwachsenen löffeln mit und trinken dazu einen Schweizer Kaffee (2,30 Euro), der zwar nicht ganz so günstig ist, aber dafür umso besser schmeckt. Der tolle Ausblick auf den Breitscheidplatz mit dem markanten Brunnen, Straßenmusikern und Passanten sorgt für Abwechslung. *Tgl. 10–24 Uhr | Tauentzienstr. 9 (Europa-Center) | Tel. 264 76 30 | U-/S-Bahn Zoologischer Garten | Charlottenburg*

KULTUR FÜR KINDER

JUGENDMUSEUM SCHÖNEBERG [156 C4]

Hier geht es ums Entdecken und Begreifen: 27 aufgeklappte Wunderkisten mit Dingen der Alltagskultur und zur Geschichte Berlins regen an, Fragen zu stellen, auf die Kinder sonst vielleicht nicht gekommen wären. Was zum Beispiel ist eine Lumpenpuppe, und wieso opferten die Germanen Tiere, um die Götter gnädig zu stimmen? Prima, um sein Wissen zu erweitern, und dazu noch kostenlos! *Eintritt frei | Mi, Do 15–18, Fr, Sa 14–18 Uhr | Hauptstr. 40–42 | Tel. 902 77 62 14 | www.jugendmuseum.de | S 1 Schöneberg | Schöneberg*

LABYRINTH KINDERMUSEUM [161 D3]

Spielen in einer ehemaligen Zigarettenfabrik und dabei noch etwas lernen: Wechselnde Ausstellungen zu Themen wie Anderssein, Groß und Klein oder Weltkulturen lassen die Stunden wie im Flug vergehen. Anfassen und (be)greifen ist ausdrücklich erlaubt. Hier können Sie Ihre Kinder (ab ca. 7 Jahren) auch prima alleine lassen, es ist genügend Aufsichtspersonal da. *Eintritt 4,50 Euro,*

Kinder (bis 14 Jahre) 4 Euro, Familien 12 Euro | Di–Sa 13–18 Uhr, So 11–18 Uhr, während der Berliner Schulferien Di–Fr 9–18 Uhr, Sa 13–18, So 11–18 Uhr | Osloer Str. 12 | Tel. 800 93 11 50 | www.labyrinth-kindermuseum.de | U 8 Pankstraße | Wedding

MACHMIT! MUSEUM [145 E2]

Kletterregal, Seifenladen, Krabbelwiese – im Museum für Kinder gibt es die komischsten Sachen. Und jede Menge zum Ausprobieren. In Workshops können Kinder basteln, töpfern oder Theater spielen. Ausstellungen werden auch gezeigt, etwa zum

Kinder und Erwachsene lieben die Theateraufführungen in der Märchenhütte

Thema Salz. Die Großen sind im Familiencafé gut geparkt, solange sich die Kids kreativ austoben. *Eintritt 4 Euro, 3 Euro erm. | Di–So 10–18 Uhr | Senefelderstr. 5 | Tel. 74 77 82 00 | www.machmitmuseum.de | S 41 Prenzlauer Allee | Prenzlauer Berg*

MÄRCHENHÜTTE [139 D2]

Rotkäppchen, Rapunzel und Rosenrot erwachen hier am Rande des Monbijouparks auf zauberhafte Weise zu neuem Leben. In einer urigen Holzkate, die vorher in einem polnischen Wald stand, werden Kinder in kurzweiligen Vorstellungen in die Märchenwelt entführt. Dienstags ist Märchentag, das heißt, um 16.30 Uhr kostet die Vorstellung nur 3 Euro statt 5 Euro! Die Aufführungen finden nur im Winter statt, wenn ein lustiges Feuer im Ofen das Häuschen, das auf einem Bunker steht, erwärmt. *Di Eintritt 3 Euro | Nov–Feb. | Monbijoustr. | Tel. 24 04 86 50 | www.maerchenhuette.de | S1, 2, 25 Oranienburger Straße | Mitte*

SCHULMUSEUM [139 F5]

Freiwillig die Schulbank drücken? Im historischen Klassenzimmer dürfen Sie freiwillig nachsitzen und sogar mit einem Gänsekiel schreiben. Kinder finden auch die alten Schiefertafeln und Ranzen exotisch. Vieles darf man ausprobieren und anfassen. Skurril: die historische Sammlung befindet sich in einer ehemaligen DDR-Plattenbauschule. Tipp: Mittwochs kommen Sie umsonst in die Ausstellung! *Mi Eintritt frei | Mo–Fr 9–17 Uhr | Wallstr. 32 | Tel. 275 03 83 | www.berlin-kindheitundjugend.de | U 2 Märkisches Museum | Mitte*

ZUCKERMUSEUM [142 C2]

Schon gewusst? Zucker war zu früheren Zeiten so wertvoll und begehrt wie heute Erdöl. Erst als 1747 der Rübenzucker entdeckt wurde, wurde das süße Pulver für alle Naschkatzen erschwinglich. Eine interessante Ausstellung erklärt nicht nur die Geschichte, sondern auch die Herstellung des Zuckers. Tipp: Sonntags um 14.30 Uhr zeigt ein Zuckerkünstler, was man aus dem Rohstoff alles machen kann. (Insider Tipp) Zauberhafte Blumen, Bonbons und Skulpturen aus Zuckersand entstehen vor den Augen der Zuschauer, und das bei freiem Eintritt! *Eintritt frei | Mo–Do 9–16.30 Uhr, So 11–18 Uhr | Amrumer Str. 32*

| Tel. 31 42 75 74 | www.dtmb.de/zucker-museum/info.htm | U 9 Amrumer Straße | Wedding

SHOPPING

DORNRÖSCHEN [145 D1]

Das alte Plüschtier gefällt nicht mehr? Hier können Ihre Kinder sich einfach ein anderes aussuchen und den ollen Weggefährten dafür da lassen. Im Souterrain wandern Mütter mit Kindern nach Herzenslust an üppig beladenen Kleiderstangen mit gebrauchter Kinder – Schwangeren- und Damenmode entlang, oder decken sich günstig mit gut erhaltenen Schuhen ein. Es werden auch Kinderwagen und Dreiräder angeboten. *Mo–Fr 11–19, Sa 11–16 Uhr | Schönhauser Allee 64 | Tel. 47 08 07 31 | U-/S-Bahn Schönhauser Allee | Prenzlauer Berg*

FRAUEN UND KINDER ZUERST [145 D3]

Kein Rettungsboot, aber manchmal Hilfe in letzter Not, wenn mal wieder das Lätzchen vergessen wurde oder die Windelhose plötzlich kneift. Die Auswahl an Kinder-Secondhandmode ist zwar nicht riesig, dafür

CLEVER!

> Braunbären gucken für null Euro

Um die Berliner Wahrzeichen zu besuchen, müssen sie nicht unbedingt viel Eintritt zahlen und in den Zoologischen Garten oder Tierpark gehen. Ganz umsonst halten nämlich im historischen Bärenzwinger aus Backstein hinter dem Märkischen Museum zwei Braunbären namens Schnute und Maxi ihre Köpfe in die Sonne und knabbern an dem Grünzeug, das edle Spender im Zwinger abgegeben haben. Zwischen Mai und September können Sie täglich bei den Fütterungen um 12.30 Uhr zuschauen. Achtung: Von November bis März halten die Bären Winterruhe und sind daher selten zu sehen. Übrigens: Am 28. Oktober wird hier jedes Jahr der Geburtstag Berlins gefeiert mit einer Extraportion für die Bären! *Eintritt frei | Mai–Sept. 7.30–18.30 Uhr, April, Okt. 8–16.30 Uhr, Nov.–März 8–15.30 Uhr | Am Köllnischen Park/Rungestr. | Tel. 564 84 67 | www.berliner-baerenfreunde.de | U 2 Märkisches Museum | Mitte*

sind die einzelnen Kleiderstücke und Accessoires in einem Top-Zustand und äußerst hübsch präsentiert. Männer dürfen natürlich auch stöbern. *Mo 14–19, Di–Fr 11–19, Sa 11–16 Uhr | Kollwitzstr. 92 | Tel. 75 56 85 64 | M 10 Husemannstraße | Prenzlauer Berg*

HILLY´S [145 D4]

Strampler für drei Euro, eine Reitkappe für 12 Euro – der Laden profitiert vom Kinderreichtum der Nachbarschaft und glänzt mit einer üppigen Auswahl. Von H&M- bis Gucci-Kindermode ist alles vorhanden, was Kind so braucht. Auch Schaukelpferde und Kinderwagen sind hier keine Ladenhüter. Der Abenteuerspielplatz Kolle 37 (S. 120) ist gleich nebenan, sollten ihre Kinder keine Lust haben, beim Stöbern dabei zu sein. *Mo–Sa 11–18.30 Uhr | Kollwitzstr. 39 | Tel. 44 32 86 71 | U 2 Senefelderplatz | Prenzlauer Berg*

LUMPENPRINZESSIN [156 C3]

Kleine Kunden sind König und Königin, und die Lumpen finden hier höchstens in einer der vielen Märchenbücher zum Schnäppchenpreis (ab 1 Euro) Erwähnung. Die Kinderkleidung ist gut erhalten, viele Markenstrampler und Holzspielzeug warten auf neue Besitzer. Auch Hochstühle, Kinderwagen und Autositze gibts in großer Auswahl. In der Filiale in der *Barbarossastraße 61 (Schöneberg)* kleiden sich größere Kinder und Jugendliche günstig mit Klamotten aus zweiter Hand ein, z. B. mit Hosen ab 5 Euro. *Mo–Fr 10.30–18.30, Sa 11–15 Uhr | Kyffhäuserstr. 19 | Tel. 23 63 18 88 | www.lumpenprinzessin.de | U 7 Eisenacher Straße | Schöneberg*

PUSTEBLUME [161 D3] Insider Tipp

Ihr Kinderwagen ist kaputt, oder Sie brauchen auf die Schnelle einen Autositz? Für nur 5 Euro pro Woche können Sie in diesem Second-Hand-Laden das Gewünschte mieten. Und für Faschingsfans ist dieser Laden sowieso das Paradies. Über zweihundert Kinderkostüme werden ebenfalls für schlappe 5 Euro pro Woche ausgeliehen. Vielleicht finden Sie nebenbei ja auch noch eine hübsche Latzhose für 2 Euro oder einen Strampler für 1,50 Euro. *Mo–Sa 11–18.30 Uhr | Paul-Robeson-Str. 3 | Tel. 44 71 59 07 | U-/S-Bahn Schönhauser Allee | Prenzlauer Berg*

KARTENLEGENDE

Autobahn Motorway (Freeway)	Autoroute Autostrada
Vierspurige Straße Road with four lanes	Route à quatre voies Strada a quattro corsie
Bundes-/Fernstraße Federal/trunk road	Route fédérale/nationale Strada statale/di grande comunicazione
Hauptstraße Main road	Route principale Strada principale
Fußgängerzone - Einbahnstraße Pedestrian zone - One way road	Zone piétonne - Rue à sens unique Zona pedonale - Via a senso unico
Hauptbahnhof mit Bahnhof Main railway with station	Chemin de fer principal avec gare Ferrovia principale con stazione
U-Bahn Underground (railway)	Métro Metropolitana
Buslinie - Straßenbahn Bus-route - Tramway	Ligne d'autocar - Tram Linea d'autobus - Tram
Information - Jugendherberge Information - Youth hostel	Information - Auberge de jeunesse Informazioni - Ostello della gioventù
Kirche - Sehenswerte Kirche Church - Church of interest	Église - Église remarquable Chiesa - Chiesa di notevole interesse
Synagoge - Moschee Synagogue - Mosque	Synagogue - Mosquée Sinagoga - Moschea
Polizeistation - Postamt Police station - Post office	Poste de police - Bureau de poste Posto di polizia - Ufficio postale
Krankenhaus Hospital	Hôpital Ospedale
Denkmal - Funk- oder Fernsehturm Monument - Radio or TV tower	Monument - Tour d'antennes Monumento - Pilone radio o TV
Theater - Taxistand Theatre - Taxi rank	Théâtre - Station taxi Teatro - Posteggio di tassí
Feuerwache - Schule Fire station - School	Poste de pompiers - École Guardia del fuoco - Scuola
Freibad - Hallenbad Open air -/ Indoor swimming pool	Piscine en plein air - Piscine couverte Piscina all'aperto - Piscina coperta
Öffentliche Toilette - Ausflugslokal Public toilet - Restaurant	Toilette publique - Restaurant Gabinetto pubblico - Ristorante
Parkhaus - Parkplatz Indoor car park - Car park	Parking couvert - Parking Autosilo - Area di parcheggio

CITYATLAS BERLIN

> Auf der nächsten Seite finden Sie eine *Übersichtskarte* mit den 10 wichtigsten Sehenswürdigkeiten

> Eine *Umgebungskarte* vom Großraum Berlin befindet sich auf den Seiten 160/161

> Das *Straßenregister* (ab Seite 162) enthält eine Auswahl der im Cityatlas dargestellten Straßen und Plätze

BERLIN IM ÜBERBLICK

> *Stadtviertel zur Orientierung*

NICHT VERPASSEN: Die Top 10 der besten Sehenswürdigkeiten (Die Beschreibungen finden Sie auf den Seiten 16 und 17)

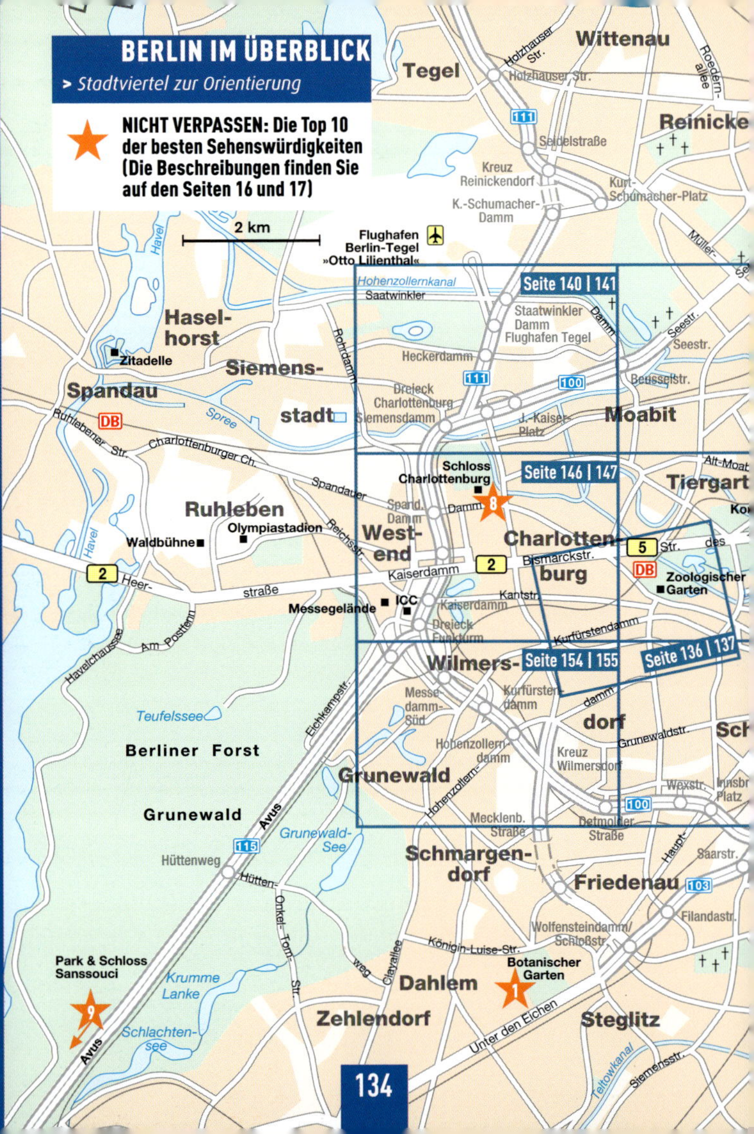

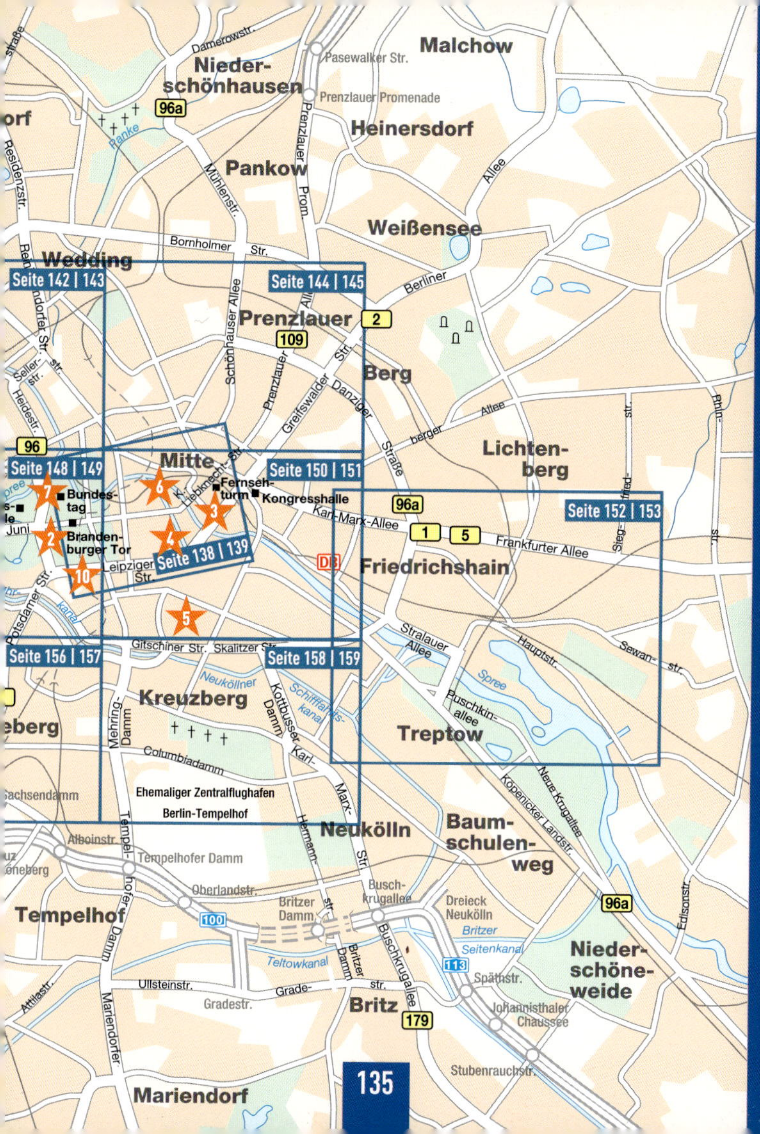
Malchow
Nieder-
schönhausen
Heinersdorf
Pankow
Weißensee
Wedding
Prenzlauer
Berg
Lichten-
berg
Mitte
Friedrichshain
Kreuzberg
Treptow
Neukölln
Baum-
schulen-
weg
Tempelhof
Britz
Nieder-
schöne-
weide
Mariendorf
Seite 142 | 143
Seite 144 | 145
Seite 148 | 149
Seite 150 | 151
Seite 138 | 139
Seite 152 | 153
Seite 156 | 157
Seite 158 | 159
Bundes-
tag
Branden-
burger Tor
Fernseh-
turm
Kongresshalle
Ehemaliger Zentralflughafen
Berlin-Tempelhof
Dreieck
Neukölln
Damerowstr.
Pasewalker Str.
Prenzlauer Promenade
Mühlenstr.
Prenzlauer Prom.
Bornholmer Str.
Schönhauser Allee
Greifswalder Str.
Danziger Straße
Karl-Marx-Allee
Frankfurter Allee
Leipziger Str.
Potsdamer Str.
Gitschiner Str.
Skalitzer Str.
Kottbusser Damm
Mehring-
Damm
Columbiadamm
Hermann-
Str.
Tempelhofer Damm
Oberlandstr.
Britzer
Damm
Buschkrugallee
Teltowkanal
Britzer
Seitenkanal
Spree
Stralauer
Allee
Puschkin-
allee
Köpenicker Landstr.
Neue Krugallee
Spätstr.
Johannisthaler
Chaussee
Stubenrauchstr.
Gradestr.
Ullsteinstr.
Attilastr.
Mariendorfer Damm
Albainstr.
Sachsendamm
Hauptstr.
Sewan-
str.
Panke
Neuköllner
Schifffahrts-
kanal
96a
109
2
96
1
5
100
113
179

BISMARCKSTR.
DEUTSCHE OPER
147
Shakespeare pl.
UdK
Ernst-Reuter-Pl.
ERNST-REUTER-PL.
STRA
Schiller str.
Sesenheimer Str.
Krumme str.
Apost. Kath. K.
Dritte Kirche Christi Wissensch.
Schillertheater
Schiller-Th.
St.-Thomas-K.
Schiller-str.
Goethe
Karl-August-Pl.
Trinitatis-k.
Eichendorff Grundsch.
Friedensburg Obersch.
Obersch.
Herder str.
Goethe str.
Schiller-Gymn.
Renaissance-Th.
Univ. d.Künste
HARDENBERG
WILMERS-DORFER STR.
Wilmersdorfer Str.
Weimarer Str.
LEIBNIZ STR.
Synagoge
Pestalozzi str.
Grolman str.
TU
KANT
M49
X34
Krumme
Schlüter str.
Knesebeck
Carmer str.
Deutsche Bundesbank Hauptverw. Berlin
Steinpl.
Inst. f. Wirtschafts-wiss.
S9 RE1·2·7 RB14
Niebuhr str.
SAVIGNYPL.
E.-Ury-Bogen
Savigny pl.
KANT STR.
J.-Mammen-Bogen
Hindemithpl.
Giesebrecht str.
Mommsen str.
Sophie-Charl.-Obersch.
Walter-Benjamin-Platz
Sporth.
Joan-Miro-Grundsch.
Otto-Ludwig-Str.
Grolmanstr.
Savigny-pass.
Meyerinckpl.
Clausewitz str.
Wieland str.
Georg-Grosz-Pl.
X10
Côte d'Ivoire
109
110
Uhland str.
UHLANDSTR.
U1
KURFÜRSTEN
N10
M19 M29
Komödie + Theater am Ku'Damm
Maison de France
Ku' Damm Karree
Knesebeck
Sperlings-gasse
Bleibtreu str.
K.-Kollw.-Mus.
Grisebach-Villa
Fasanen str.
Uhland-pass.
Xantener Str.
Olivaer Pl.
LIETZENBURGER STR.
LIETZENBURG
249
101
Duisburger Str.
Bregenzer Str.
Pariser str.
Dt. Inst. f. Internat. Politik u. Wissensch.
Haiti
Düsseldorfer Str.
Württemberg Str.
Kol.
Darmstädt. Str.
Ludwigkirch pl.
St.-Ludwig-K.
Ludwigkirch str.
Fasanen pl.
Berliner Festspiele
Schaper str.
Meierotto str.
Zähringer str.
KONSTANZER STR.
Württembergische Str.
Düsseldorfer Str.
Emser Str.
Pfalzburger Str.
Uhland
Gerhart-Hauptm.
Wittelsbacher S.
Bayerische
J.-P.-Hebel-Sch.
Rob.-Jungk-Obersch.
Sächsische
300 m
Pommersche Str.
155
Fasanen
U3
N3

D
E
F
148
1
2
3
4
5
156
Techn. Universität
Hauptgebäude
Chemie
Universität der Künste
Theatersaal
Konzertsaal
Fasanenstr.
Hertzallee
Oberfinanzdir.
TU Berlin
Mus.f. Fotogr.
Oberverw.-ger. Berl.
Börse Ind. u. Handelskammer
Jebensstr.
Amerika hs
Einsteinufer
Englische Str.
Herbert-Lewin-Pl.
Inst. f. Urbanistik
Ernst-Reuter-Hs.
KPM
Charlottenbgr. Br.
Charlottenbgr. Tor
Deutsch. Städtetag
STRASSE DES 17. Juni
TIERGARTEN
Tiergarten
Wegelystr.
Haydnstr.
Berlin-Pavillon
Händelallee
Kaiser-Friedr.-Gedächtnis-K.
Versuchsanst. f. Wasser- u. Schiffbau
Müller-Breslau-Str.
Gaslaternen Freilicht mus.
Bremer Weg
Großer Weg
Univ. Bibl.
Rud.-Drawe-Inst.
TU
Zoowirtschaftshof
Untere Freiarchenbr.
Tiergartenschleuse
Tiergartenufer
Gartenufer
Neuer See
Löwenbr.
Fuchsjagd
Lichtensteinallee
Spanische Allee
Thomas-Dehler-Str.
Lichtensteinbr.
Hopfengrabenbr.
Hopfengr.
X9 X10 110 100 109 204 245 200 X34 249 M45 M46 M49
N1 N2 N10 N26
Eingang Löwentor
Hardenbergpl.
BERLIN ZOOLOG. GTN.
ZOOLOG. GTN.
Zoologischer Garten
Vierwaldstätter See
Waldschänkenteich
Grottenteich
Neptunteich
Katharina-Heinroth-Ufer
Drakestr.
UNICEF
Corneliusstr.
(ehem. Kunsthalle)
Eingang Elefantentor
Aquarium
Olof-Palme-Pl.
BUDAPESTER STR.
Franzisk.-Krkhs.
Wichmannstr.
Burggrafenstr.
DIN
Mauritius
Kolumbien
Liberia, Uberia
Lesotho
Bolivien Namibia
Keithstr.
Landgrafenstr.
KURFÜRSTENSTR.
Kaiser-Wilhelm-Gedächtnis-K.
Breitscheidpl.
Europa-Center
Spielbank
Jemen
Uruguay
Tourist. Info
Stachelschweine
Post
Joachimstaler Platz
KURFÜRSTENDAMM
U1 U2 U3 U9
Augsburger Str.
Inst. f. Metallphysik
Los-Angeles-Pl.
Feuerwache
Marburger Str.
Rankestr.
Eislebener Str.
AUGSBURGER STR.
Ecuador
Rankepl.
UdK
Pakistan
Gem.-hs.
JOACHIMSTHALER STR.
Nürnberger Str.
Würzburger Str.
Passauer Str.
TAUENTZIENSTR.
Ansbacher Str.
Wittenbergpl.
WITTENBERGPL.
Bayreuther Str.
Keithstr.
KLEISTSTR.
AN DER URANIA
Urania
Courbièrestr.
Argentinien
Wormser Str.
Bayreuther Str.
Bundeshaus
SPICHERNSTR.
Spichernstr.
BfA
Nürnberger Pl.
Tagesklinik
Fürther Str.
Geisbergstr.
Kelheimer Str.
Ettaler Str.
Grainauer Str.
Kulmbacher Str.
Ansbacher Str.
Fuggerstr.
Welserstr.
Finow-Grundsch.
Klinik Hygiea
MARTIN-LUTHER-STR.
Kalckreuthstr.
Eisenacher Str.
Sporthalle
U4
M19 M29

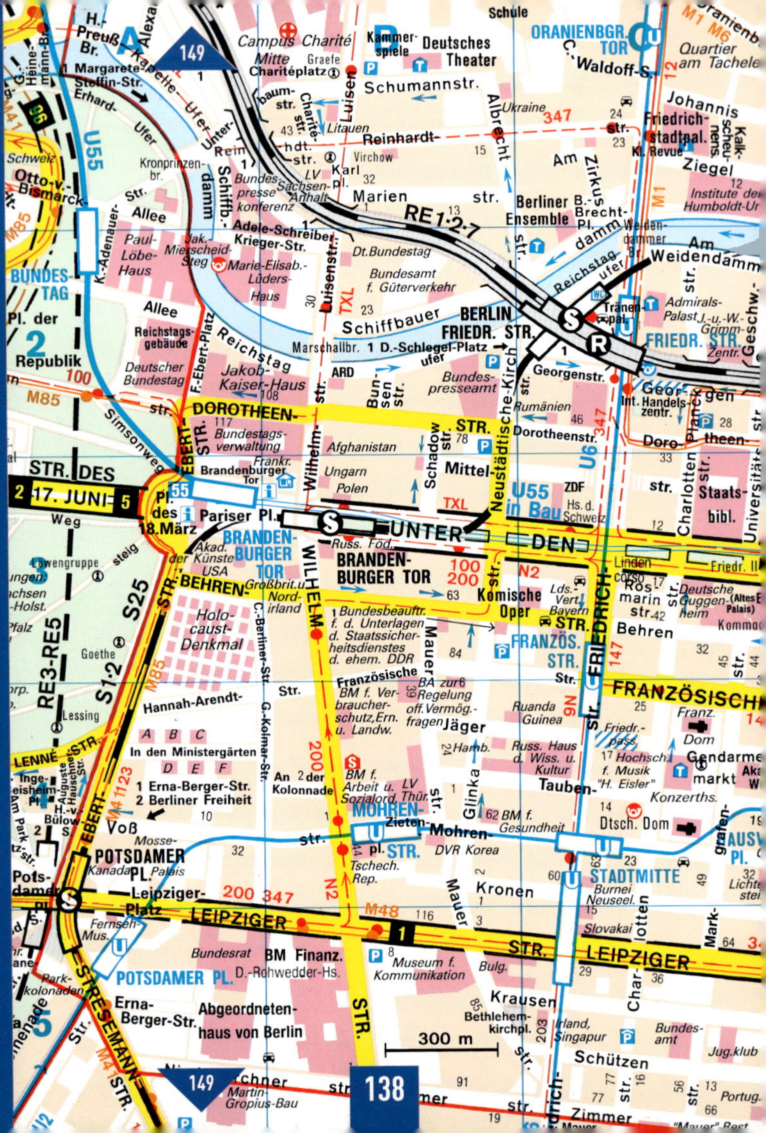

149
A
B
C
Campus Charité Mitte
Charitéplatz
Kammerspiele
Deutsches Theater
Schule
ORANIENBGR. TOR
C.-Waldoff-Str.
Quartier am Tacheles
Oranienburger
Schumannstr.
Luisenstr.
Albrechtstr.
Reinhardtstr.
Ukraine
347
Litauen
Virchow
Karlpl.
Friedrichstadtpal.
Kl. Revue
Johannisstr.
Kalkscheunenstr.
Ziegelstr.
Institute der Humboldt-Uni
H.-Preuß-Br.
Alexanderufer
Kapelle-Ufer
Margarete-Steffin-Str.
Heinemann-Br.
Erhard-
Ufer
Unterbaumstr.
Charitéstr.
Reinhardtstr.
Schiffbauerdamm
Kronprinzenbr.
U55
Schweiz
Otto-v.-Bismarck-Allee
Bundespressekonferenz
Sachsen-Anhalt
LV
Marienstr.
RE1·2·7
Berliner Ensemble
B.-Brecht-Pl.
Zirkus
Am Zirkus
Weidendammer Br.
Am Weidendamm
M85
M1
12
Adele-Schreiber-Krieger-Str.
Paul-Löbe-Haus
Jak.-Mierscheid-Steg
Marie-Elisab.-Lüders-Haus
K.-Adenauer-Str.
Dt. Bundestag
Bundesamt f. Güterverkehr
Reichstagufer
Tränenpal.
Admirals-Palast
J.-u.-W.-Grimm-Zentr.
Geschw.-
BUNDESTAG
Allee
Pl. der Republik
Reichstagsgebäude
Deutscher Bundestag
Reichstagufer
Jakob-Kaiser-Haus
F.-Ebert-Platz
TXL
Schiffbauer
BERLIN FRIEDR. STR.
Marschallbr.
D.-Schlegel-Platz
ARD
Bunsenstr.
Bundespresseamt
Georgenstr.
FRIEDR. STR.
Int. Handelszentr.
Georgenstr.
Neustädtische Kirchstr.
100
M85
Simsonweg
DOROTHEENSTR.
Bundestagsverwaltung
Wilhelmstr.
Afghanistan
Schadowstr.
Rumänien
Dorotheenstr.
Planckstr.
Dorotheenstr.
Frankr.
Ungarn
Polen
Mittelstr.
ZDF
U6
U55 in Bau
Charlottenstr.
Staatsbibl.
Universitätsstr.
STR. DES 17. JUNI
EBERTSTR.
Brandenburger Tor
Pl. des 18. März
Pariser Pl.
Hs. d. Schweiz
UNTER DEN LINDEN
Russ. Föd.
BRANDENBURGER TOR
Akad. der Künste
USA
Großbrit. u. Nordirland
Linden corso
Friedr.
Weg
Löwengruppe
steig
S25
BEHRENSTR.
Holocaust-Denkmal
C.-Berliner-Str.
WILHELMSTR.
Bundesbeauftr. f. d. Unterlagen d. Staatssicherheitsdienstes d. ehem. DDR
Mauerstr.
Komische Oper
N2
Lds.-Vert. Bayern
Rosmarinstr.
Deutsche Guggenheim
Altes Palais
Behrenstr.
Kommode
Goethe
FRANZÖS. STR.
FRIEDRICHSTR.
147
RE3-RE5
S1·2
Hannah-Arendt-Str.
Französische Str.
BM f. Verbraucherschutz, Ern. u. Landw.
BA zur Regelung offener Vermög.-fragen
Jägerstr.
Ruanda
Guinea
FRANZÖSISCHE
Franz. Dom
Lessing
LENNÉSTR.
In den Ministergärten
G.-Kolmar-Str.
Hamb.
Glinkastr.
Russ. Haus d. Wiss. u. Kultur
Friedr.-pass.
Hochsch. f. Musik "H. Eisler"
Gendarmenmarkt
Ingeborg-Drewitz-Pl.
Auguste-Hauschner-Str.
H.-v.-Bülow-Str.
Erna-Berger-Str.
Berliner Freiheit
An der Kolonnade
BM f. Arbeit u. Sozialord.
LV Thür.
Taubenstr.
Konzerths.
Dtsch. Dom
Am Park
Voß
Mossestr.
MOHRENSTR.
Zietenpl.
Mohrenstr.
BM f. Gesundheit
HAUSVOGTEIPL.
M41
123
POTSDAMER PL.
Kanada
Palais
Tschech. Rep.
DVR Korea
STADTMITTE
Burnei
Neuseel.
Lichtenstein
Potsdamer Pl.
Leipziger Platz
200
347
Kronenstr.
N2
M48
LEIPZIGER STR.
Slovakai
Charlottenstr.
Markgrafenstr.
Fernseh-Mus.
Bundesrat
BM Finanz. D.-Rohwedder-Hs.
Museum f. Kommunikation
Bulg.
Park-kolonaden
POTSDAMER PL.
Erna-Berger-Str.
Abgeordnetenhaus von Berlin
STRESEMANNSTR.
Krausenstr.
Bethlehemkirchpl.
Irland, Singapur
Bundesamt
Jug.klub
300 m
Schützenstr.
Martin-Gropius-Bau
Zimmerstr.
Portug.
"Mauer"-Rest
149

August
St.-Hedwig-Krkhs.
Hamburger Str.
Kastanienbaum-Grundsch.
Sophien-str.
ORANIENBGR. STR.
Synagoge Centr. Judaicum
Krausnick str.
Krausnick-park
Deutsche Telekom AG
Tucholsky-str.
Sophienk.
Sophien-Kirchhof I
Jüd. Friedhof
Mus.Blinden-werkstatt
ROSENTHALER
WEIN-MEISTER STR.
Freie Waldorfsch.
Schönhauser
Schendel-g.
Hirten
Schüler-freizeit-zent.
Max-Beer-
Almstadt
Luxemburg-
Neue Schönhsr. Str.
Goethe-Inst.
MÜNZSTR.
MEM-HARD S.
Zentrum f. Experim. Med.
Monbijoustr.
Monbijou-str.
Monbijou-pl.
Monbijou br.
Am Kupfer-
Kinderbad
Hackescher Markt
Gr. Präsid. str.
N. Prom.
A. Zwirngr.
Dircksen
Bode-mus.
Platz d. Märzrevol.
Kastanien-wäldch.
James-Simon-Park
HACKESCHER MARKT
Museums-
Pergamon-mus.
Alte National-galerie
Garn.-Kirch-pl.
Anna-Louisa-Karsch-
SPANDAU.
Rosenstr
Heiliggeistpl.
Berlin-Carré
Hs. d. Ungar. Kultur
LIEBKNECHT-
ALEXANDER-PL.
Alexander-pl.
Bauhof str.
Hegel pl.
ehem. Neues Mus. (R.)
Friedrichs br.
Bode str.
insel
AquaDom Sea Life Center
St.-Wolfgang-Str.
Heilig-Geist-Kap.
Gorki-Th.
Studio-bühne
Gießhs.
Eiserne Br.
Altes Museum
Lust-garten
Berliner Dom
Liebknecht br.
Marx-Engels-Forum
St.-Marien-K.
Ausstellungs-zentrum a. Fernsehturm
Panorama-str.
Neptun-br.
Humboldt-Univ.
Fest.-Zeughs.
Dtsch. Hist. Mus.
Mahnmal (N. Wache)
Am Zeughs.
Wasser-Taxi
KARL-
LINDEN
Schloßbr.
Staats-oper
Kron-prinz.-pal.
Prinzess-pal.
Niederlagstr.
Schinkel-platz
Schloss-pl.
Kellergewölbe d.ehem.Schlosses
3 A.d.Kommandantur
4 Prinzengasse
5 Werdersche Rosenstr.
6 Falkoniergasse
Rathausstr.
Rathaus von Berlin
Jüdens.
GRUNER
Klosterk.
KLOSTER-STR.
St.-Hedwigs-Kath. Kirche
Friedr.-Werder. K.
Schinkel-mus.
WERDERSCHER MARKT
SCHLOSSPL.
BREITE
(Marstall)
Rathaus br.
Spree
Propststr.
Nikolai-k.
Nikolai-kirche
H.-Zille-Mus.
Ephraim-pal.
Neues Stadths.
Parochial str.
Sen. f. Inneres
Waisenstr.
Schleusen-br.
BND Verb.-Büro
BM
Aus-wärtiges Amt
Unterwasserstr.
Oberwall
Caroline-von-Humboldt-Weg
Berliner Stadtbibl.
Mühlendamm
Molken markt
Am Krögel
STRALAUER STR.
Slowenien
Marokko
Kl. Jägerstr.
Hausvogtei pl.
Jung-fern-br.
Sper-lingsg.
Land-vertr. Sachsen
Brüderstr.
Petri-pl.
Mühlen-dammbr.
Mühlendamm-schleuse
Niederl. Ufer
1 Neue Jüdenstr.
Sen. f. Finanzen
Roland-
Niederwall
Alte Leipziger Str.
Kreuz-str.
Oberwasserstr.
Friedr.-gr.
Scharrens.
GERTRAUDEN-
FISCHER-INSEL
Fischer-insel
Schw. Fischerinsel
Schiffs-Museum
Märkisch-Pl.
Märkisches Museum
Märkisches Ufer
Inselbr.
Angola Bras.
Bischöfl. Ordinariat
Jerusalem-Str.
Gertrauden-br.
1 Kl. Gertrauden-str.
Otto-Nagel-Hs.
Ermeler Hs.
Australien
Zille
Spittel markt
Spindlerbr.
Grünstr. br.
Roßstr.-br.
Wall-
MÄRK. MUSEUM
Inselstr.
Runge-
Wassergasse
Köllnischer Pk.
SPITTELMARKT
Seydelstr.
Beuthstr.
Aser-baidschan
Sim-babwe
Mauret.
Sambia
Uganda
Sen. f. Schule, Jug.u.Sport
Elisabeth-Mara-Str.
Dt. Renten-vers.
Zypern
Schul-mus.
NEUE ROSS-STR.
Schulze-Delitzsch-Pl.
Köpenicker Str.
Am Köln.
Neue Jakobstr.
Kommandantenstr.

A
B
C
1
2
3
4
5
Saatwinkler Damm
Hohenzollern-
Regatta- Strecke
kanal
Kol. Fabian'sche Erben
Kol. Albrecht'sche Erben
Kol. Am Wasserbuncker
Vor den Toren
Kol. Ostpreußenweg
Toren Feld II
Kol. Neuland
Hauptweg
Hohl-
Veilchenw.
Tulpenw.
Rosenw.
Vergißm.-w.
Nelken-w.
Lilienw.
Fliederw.
Dahlienw.
Asternw.
weg
Am Kanal
Mäckeritzbr.
Jungfernheideweg
Am Laubwald
C.-Fr.-von-Siemens-Schule
Heidewinkel
Im Eichengrund
Dihlmannstr.
W.-v.-Siemens-Pk.
Kroppenstedtweg
SIEMENSSTADT
Schuckertpl.
Schuckertdamm
Freibad Jungfernheide
Jungfernheideteich
Volkspark
Jungfernheide
Spielwiese
Wasserturm
Kindererholungssätten
Wildgehege
G.-Böß-Freilichtbühne
Heckerdamm
M.-Bürger-Klinik
Schule
Lenther-
Schwiegerstieg
Natalissteig
Goebelstr.
Geißlerpfad
Geitelstieg
Schweiggerweg
Heinickeweg
Bibl.
Habermannzeile
Goebelpl.
Toepler Str.
Scheppenhorstweg
Haeftenzeile
Schulen
Hofackerzeile
ring
Jugendweg
Jugendpl.
Mäckeritzstr.
Halskestg.
Siemensdamm
Popitzweg
Heilmannring
Halemweg
J.-Kaiser-Platz
Nonnendammallee
Siemensdamm
Wattstr.
Gramme-
Quellweg
Bödikerstg.
Voltastr.
Wehneltsteig
Reisstr.
Hefnerstg.
Ohmstr.
Wernerwerkdamm
Dahrendorfzeile
Letterhausweg
Dreieck Charlottenburg
Jakob-Kaiser-Platz
K.-Schumacher-
BEZIRK
SPANDAU
außer Betrieb
Nikolaus-Groß-Weg
Feuerwache
Kol. Bleibtreu
Nonnendamm
Kol. Spreeufer
Stadtentwäss.
Charlottenb. Schleuse
Kol. Schleusenland
Spree
Kol. Spreewiesen
Rohrdamm
Rohrdammbr.
Kol. Tiefer Grund II
Wiesenweg
Fürstenbrunner Weg
Kol. Schlackenloch
Kol. Tiefer Grund I
ehem. Güterbf. Charlottenburg
Friedh. der Kaiser-Wilh.-Ged.-gem.
Belvedere
Schloss-
garten
Karpfenteich
Mausoleum
Kaiserin-Aug.-Viktoria Kinderklinik
Pulsstr.
Max-Bürger-Krkhs.
Heubnerweg
100
123
139
12
13
4
5
18
146

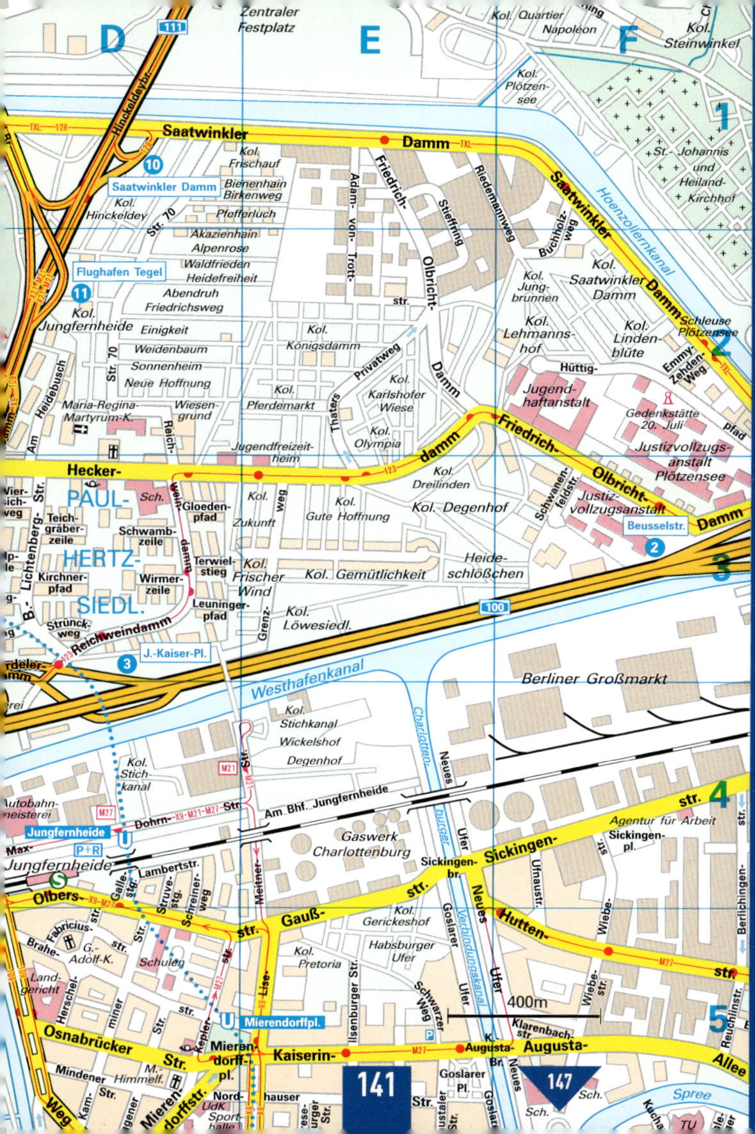

D
E
F
1
2
3
4
5
111
Zentraler Festplatz
Kol. Quartier Napoléon
Kol. Steinwinkel
Kol. Plötzen-see
St.-Johannis und Heiland-Kirchhof
Hoenzollernkanal
Saatwinkler
Damm
Saatwinkler Damm
Hinckeldeybr.
Saatwinkler Damm
Kol. Hinckeldey
Kol. Frischauf
Bienenhain
Birkenweg
Pfefferluch
Str. 70
Akazienhain
Alpenrose
Waldfrieden
Heidefreiheit
Abendruh
Friedrichsweg
Flughafen Tegel
Kol. Jungfernheide
Einigkeit
Weidenbaum
Sonnenheim
Neue Hoffnung
Wiesen-grund
Str. 70
Heidebusch
Maria-Regina-Martyrum-K.
Am
Reich-
Adam-von-Trott-
Friedrich-
Olbricht-
str.
Damm
Stieffring
Riedemannweg
Buchholz-weg
Kol. Jung-brunnen
Kol. Saatwinkler Damm
Kol. Lehmanns-hof
Kol. Linden-blüte
Schleuse Plötzensee
Emmy-Zehden-Weg
Hüttig-
pfad
Jugend-haftanstalt
Gedenkstätte 20. Juli
Justizvollzugs-anstalt Plötzensee
Kol. Königsdamm
Privatweg
Kol. Karlshofer Wiese
Kol. Pferdemarkt
Thaters
Kol. Olympia
Jugendfreizeit-heim
Hecker-
damm
Friedrich-
Olbricht-
Damm
Kol. Dreilinden
Kol. Degenhof
Schwanen-feldstr.
Justiz-vollzugsanstalt
Beusselstr.
PAUL-HERTZ-SIEDL.
Sch.
Vier-lich-weg
Lichtenberg-Str.
B.-
Teich-gräber-zeile
Schwamb-zeile
Gloeden-pfad
Kol. Zukunft
weg
Kol. Gute Hoffnung
Kirchner-pfad
Wirmer-zeile
Terwiel-stieg
wein-damm
Kol. Frischer Wind
Kol. Gemütlichkeit
Heide-schlößchen
Leuninger-pfad
Grenz-
Kol. Löwesiedl.
100
Strünck-weg
Reichweindamm
J.-Kaiser-Pl.
Westhafenkanal
Berliner Großmarkt
Kol. Stichkanal
Wickelshof
Degenhof
Charlotten-burger
Neues
Ufer
Kol. Stich-kanal
Autobahn-meisterei
M21
M27
Str.
Am Bhf. Jungfernheide
Dohrn-
Jungfernheide
P+R
Max-
Jungfernheide
Gaswerk Charlottenburg
Sickingen-br.
Sickingen-
str.
Agentur für Arbeit
Sickingen-pl.
Ufnaustr.
Lambertstr.
Galle-stg.
Struve-stg.
Schreiner-weg
Meitner-
Olbers-
str.
Gauß-
str.
Kol. Gerickeshof
Habsburger Ufer
Kol. Pretoria
Neues
Hutten-
str.
Wiebe-
Berlichingen-
Fabricius-
Brahe-
G.-Adolf-K.
Schulen
Land-gericht
Herschel-
miner
Str.
Kepler-
Lise-
Ilsenburger Str.
Goslarer
Verbindungskanal
Ufer
Schwarzer Weg
400m
Wiebe-str.
Reuchlinstr.
Klarenbach-str.
K. Augusta-Br.
Augusta-
Allee
Osnabrücker
Str.
Mierendorffpl.
Mieren-dorff-pl.
Kaiserin-
Mindener
M.-Himmelf.
Str.
Kam-
Mieren-dorffstr.
Nord-hauser
Str.
UdK Sport-halle
Goslarer Pl.
Neues
Sch.
Spree
TU
Weg

141
147

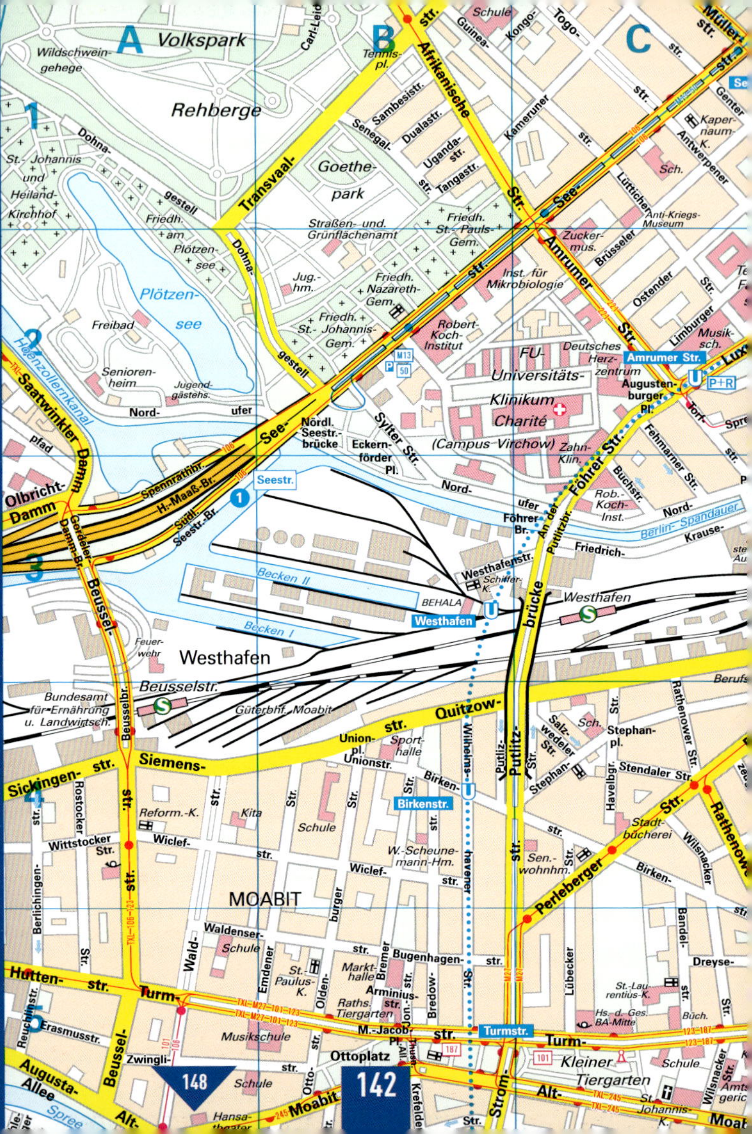
A
B
C
1
2
3
4
5
Volkspark
Rehberge
Wildschwein-
gehege
Goethe-
park
Transvaal-
Afrikanische
Str.
Dohna-
gestell
St.-Johannis
und
Heiland-
Kirchhof
Friedh.
am
Plötzen-
see
Plötzen-
see
Freibad
Senioren-
heim
Jugend-
gästehs.
Nord-
ufer
Straßen- und
Grünflächenamt
Jug.-
hm.
Friedh.
Nazareth-
Gem.
Friedh.
St.-Johannis-
Gem.
Friedh.
St.-Pauls-
Gem.
Sambesistr.
Senegal-
Dualastr.
Uganda-
str.
Tangastr.
Kameruner
Guinea-
Kongo-
Togo-
Schule
Tennis-
pl.
Müller-
str.
Genter
Kaper-
naum-
K.
Antwerpener
Sch.
Lütticher
Anti-Kriegs-
Museum
Zucker-
mus.
Brüsseler
Amrumer
Str.
Ostender
Limburger
Musik-
sch.
See-
str.
Inst. für
Mikrobiologie
Robert-
Koch-
Institut
Deutsches
Herz-
zentrum
Amrumer Str.
Augusten-
burger
Pl.
P+R
Torf-
Spre
FU-
Universitäts-
Klinikum
Charité
(Campus Virchow)
Zahn-
Klin.
Föhrer Str.
Fehmarner Str.
Buchstr.
Rob.-
Koch-
Inst.
Nord-
ufer
Berlin-Spandauer
Krause-
Föhrer
Br.
An der
Putlitzbr.
Friedrich-
Saatwinkler
Damm
Hohenzollernkanal
pfad
Olbricht-
Damm
Spennrathbr.
H.-Maaß-Br.
Südl.
Seestr.-Br.
Nördl.
Seestr.-
brücke
Seestr.
Eckern-
förder
Pl.
Sylter Str.
Gordeler
Damm-Br.
Beussel-
Becken II
Becken I
BEHALA
Westhafenstr.
Schiffer-
K.
Westhafen
Westhafen
Westhafen
brücke
Feuer-
wehr
Beusselstr.
Bundesamt
für Ernährung
u. Landwirtsch.
Güterbhf. Moabit
Beusselbr.
Quitzow-
str.
Union-
pl.
Unionstr.
Sport-
halle
Siemens-
str.
Sickingen-
str.
Rostocker
str.
Wittstocker
Str.
Reform.-K.
Kita
Schule
Birken-
Birkenstr.
Wilhelms-
havener
Str.
Putliz-
Putlitz-
str.
Salz-
wedeler
Str.
Sch.
Stephan-
pl.
Stephan-
Stendaler Str.
Havelbgr.
Rathenower Str.
Wiclef-
str.
Wiclef-
W.-Scheune-
mann-Hm.
Sen.-
wohnhm.
Perleberger
Str.
Stadt-
bücherei
Wilsnacker
Birken-
Rathenow
Berufs
MOABIT
Berlichingen-
str.
Wald-
Waldenser-
Schule
Emdener
burger
Bugenhagen-
str.
Lübecker
Bandel-
Dreyse-
Hutten-
str.
Turm-
St.-
Paulus-
K.
Olden-
Markt-
halle
Bremer
Arminius-
str.
Raths.
Tiergarten
Bredow-
Jon.-
St.-Lau-
rentius-K.
Hs. d. Ges.
BA-Mitte
Büch.
Reuchlinstr.
Erasmusstr.
Musikschule
M.-Jacob-
Pl.
Turmstr.
Turm-
Ottoplatz
Zwingli-
Beussel-
Augusta-
Allee
Spree
Schule
Hansa-
theater
Moabit
Krefelder
Strom-
Kleiner
Tiergarten
Alt-
St.
Johannis-
K.
Schule
Moab
148
M13
50
106
221
M27
101
123
187
245
TXL

WEDDING
D
E
F
1
2
3
5
Leopoldplatz
Wedding
Reinickendorfer Str.
Schwartzkopffstr.
Naturkunde-museum
Hauptbahnhof
Nauener Platz
Brunnen-platz
Volkspark Humboldthain
Humboldthain
Sommer-bad
Climbing Center
Heimat-mus.
Berufs-sch.
Schulen
Garnison-friedh.
Rathaus
VHS
Urnen-friedh.
Plantagen-str.
Kita
Wedding-str.
Nettel-beckpl.
Gericht-str.
M.-J.-Metzger-Pl.
Joseph-Arb.-Amt
Stadt-bad
Feuer-wache
Stadtbad Wedding
Ravené-str.
Schönwalder Str.
Musiksch.
Dankes-kirche
Wedding-pl.
Schulzendorfer Str.
Stud.-Wohnhm.
Oster-K.
Schule
Sparr-pl.
Burgs-dorferstr.
Kirchhof Dorotheenstadt II
Friedh. St. Hedwig u. Franz. Dom
Garten-pl.
Erika-Hess-Eisstadion
Schiffahrts-kanal
Nord-hafen
Mett-mann-pl.
Fennstr.
Sellerstr.
Am Nordhafen
Nordhafen-br.
Bundeswehr-Krkhs.
Schule
BEZIRK MITTE
Invaliden-Friedhof
Golf-zentrum
Orthopäd. Klinik
Habersaathstr.
Museum für Naturkunde
Bundesamt für Geologie
BM für Verkehr, Bau- und Wohnungswesen
BM für Wirtschaft und Arbeit
Invaliden-park
Pl. v. d. Neuen Tor
Bündnis 90 Die Grünen
Dorotheen-städtischer Friedhof
Hannoversche Str.
R.-Koch-Pl.
Charité-Hochhaus
Humboldt-Universität
Anatomisches Theater
Deutsches Theater
Kammer-spiele
Charité Universitäts-medizin Berlin
Humboldt-hafen
Berlin-Hbf. (Lehrter Bf.)
Museum für Gegenwart
Landes-sozial-gericht
Döberitzer Str.
Seydlitz-platz
Stadtbad
Geschichts-park
Senioren-heim
Landesinst. f. gerichtl. u. soz. Medizin
Sporthalle
Pol.-dir. 3
Tennispl.
Rodelbahn
Fritz-Schloß-Park
Poststadion
Amts-gericht Tiergarten
JVA
Lehrter Str.
Heidestr.
Invalidenstr.
Chausseestr.
Müllerstr.
Schulstr.
Pankstr.
Reinickendorfer Str.
Brunnenstr.
Hussitenstr.
Scheringstr.
Ackerstr.
Gartenstr.
Liesenstr.
Boyenstr.
Scharnhorststr.
Kieler Str.
Schwarzer Weg
Luisenstr.
Ladestr.
Minna-Cauer-Str.
Lesser-Ury-Weg
Seydlitzstr.
Claire-Waldoff-Prom.
Dix-Str.
Otto-Dix-Str.
400m
96
143
149

A
B
C
1
2
3
5
GESUNDBRUNNEN
Bf. Gesundbrunnen
Gesundbrunnen
Badstr.
Behmstr.
Schivelbeiner
Arnimplatz
Bornholmer
Heidebrink
Zingster Str.
Juliusstr.
Bloch-pl.
H.-Sobek-Pl.
Humboldthöhe 85
Volkspark Humboldthain
Sommerbad
Himmelf.-K.
Allee
Brunnen-str.
Ramler-str.
Putbusser
Swinemünder
Graun-str.
Gleim-str.
Rügener
St.-Afra-K.
Gymn.
Schwedter Steg
Schwedter Str.
Kopenhagener
Korsör Str.
Ystadter Str.
Am Falkpl.
Schulen
Sonnenberger
Hoftheater Prenzl. Berg
Rhinower
Gleimtunnel
Falkplatz
Gaudy-
Max-Schmeling-Halle
Mauerpark
Friedrich-Ludwig-Jahn-Sportpark
Kita
St.-Aug.-K.
Dänen-
Drie-
Schön-
Meyer-
Gustav-
Technologie- und Innovationspark
TU-TIB
Hussiten-
Lortzing-
Sch.
Voltastr.
Demminer
Ruppiner
Friedens-K.
Wolliner
Vinetaplatz
Stralsunder
Eberswalder Str.
Tops-
Sen.-He
St.-Elisab.
Feuerwache
Prater
Oderberger
Volta-
Watt-
Jasmunder Str.
Usedomer
BVG
Sport-pl.
Wolgaster Str.
Strelitzer
Kremmener Str.
Schwedter Str.
Max-Ulrich-Str.
TU-ACK
120
Garten-pl.
St.-Sebastians-K.
ERNST-REUTER-SIEDL.
Feld-
W.-Zermin-Weg
Bernauer
Schönholzer Str.
berger
Bernauer Str.
Rheins-
Arkona-pl.
Granseer Str.
Fürstenbgr. Str.
Griebenowstr.
Th.-Heuss-W.
Lazarus-Krkhs.
Gedenkstätte Berliner Mauer
St. Elisabeth
Friedh. Sophienkirch-gem.
Acker-
Anklamer
Zions-
Zionskirch-pl.
Zions-K.
Fehrbelliner
Kastanien-
Caroline-Michaelis-Str.
Zinnowitzer
Nordbahnhof
245
247
Berg-
Elisabethkirch-str.
Elisabeth-K. (Ruine)
Pappel-platz
Veteranen-
Volkspark am Weinberg
Senioren-wohnhm.
Choriner
Teutoburger Pl.
Templiner Str.
Schwedter
Naturkundemuseum
Am Nordbhf.
M10
Invaliden-
Chaussee-
Eichendorffstr.
Borsig-
Garten-
Schröderstr.
Markthalle
Kultursenat
Rosenthaler Pl.
Weinbergsweg
Werkst.d. Staatstheater
Zehdenicker
Lottum-
Herz-Jesu-K.
Christinen-
Angermünder Str.
Schlegel-
Universität
Tieck-
Novalisstr.
Brechthaus
Dorotheenstädtischer Friedhof
Deutsche Bischofskonferenz
Heinr.-Zille-Park
Stadtbad
St.Adalbert-K.
Golgatha-K.
Rosenthaler Tor-str.
Linien-
Kl. Hamb.
Koppen-Pl.
Kl.August-str.
Joachimstr.
Fr.Mett-Sporthalle
Mulack-
Schönhauser
Oranienburger Tor
BM für Bildung und Forschung (2. Dienstsitz)
Humboldt-Universität
VHS
Stilles Museum
Kulturhs. Mitte
St.Hedwigs-Krkhs.
Gips-
Sophien-
Sophienk.
Gormann-
Alte Schönhauser
Beer-
Friedrich-str.
Oranienburger Str.
St.-Joh.-Ev.-K.
August-
Archiv
Neue Synagoge
Tucholskystr.
Hamburger
Weinmeisterstr.
Neue Schönhauser
Münz-str.
Almstadt-
Max-
Luxemburg
Claire-Waldoff-
Deutsches Theater
Quartier am Tacheles
Johannisstr.
Alter Jüdischer Friedhof
Hackesche Höfe
Goethe-Inst.

150

D
E
F
1
2
3
4
5
Schönhauser Allee
Wichert-str.
Stahlheimer Str.
Humannplatz
Gudvanger Str.
Kugler-str.
Krüger-str.
Ostsee-str.
Erich-Weinert-Platz
Goethe-str.
Paul-Grasse-Str.
Georg-Blank-Str.
Lindenhoekw.
Ostsee-pl.
Gethsemane-str.
Stargarder Str.
Gethsem.-K.
Greifenhagener Str.
Schulen
Zelterstr.
Meyerheim-str.
Erich-Weinert-Str.
Schieritz-str.
Staatl. Sch. f. Ballett u. Artistik
BEZIRK PANKOW
Duncker-str.
Kanzowstr.
Ahlbecker Str.
Prenzlauer Allee
Greifswalder Str.
Trachtenbrodtstr.
Sültstr.
Küsel-str.
Sodtke-str.
Preußstr.
Hosemannstr.
Naugarder Str.
Feuerwache
Buchholzer Str.
Gneist-str.
Raumer-str.
Lette-str.
Helmholtz-pl.
Lychener Str.
Pappelallee
Eberswalder Str.
Hiddenseer Str.
Stubbenk.-str.
Planetarium
Zoll-Hauptverw.
Rietzestr.
Arbeitsamt
Sch.
Medienzentrum
Göhrener Str.
Schliemann-str.
Mus.
St.-Joseph-Krkhs.
Schwimmhalle
Puppentheater
Danziger Straße
Senefelder-str.
Elias-K.
Fröbel-Pl.
Rathaus
PRENZLAUER BERG
Greifswalder Str.
Güterbf. Greifswalder Str.
Knaack-str.
Hagenauer Str.
Kulturbrauerei
Vivantes Klinikum
Diesterweg-str.
Fröbel-str.
Kay-str.
Ernst-Thälmann-Park
Ernst-Thälmann-Dkm.
Anton-str.
O.-B.-Prestes-Str.
Sredzki-str.
Chodowiecki-str.
Ella-str.
Theater Unterm Dach
Museum
Jablonski-str.
Christburger Str.
Husemann-str.
Sch.
John-Schehr-Str.
Schönhaar-str.
Saefkow-str.
M.-Walter-Str.
Wörther Str.
Kollwitzplatz
Jüdischer Friedhof
Synagoge
Rykestr.
Marienburger Str.
Wins-str.
Eugen-Schönhaar-Str.
Bernh.-Lichtenberg-Str.
Bötzow-str.
109
Knaack-str.
Diedenhofer Str.
Dietrich-Bonhoeffer-Str.
Pasteur-str.
Bibl.
96a
Heimatmus.
Immanuelkirch-str.
Immanuel-K.
Kolmarer Str.
Mülhsr. Str.
Belforter Str.
Kollwitz-str.
Arnswalder Platz
Stierbrunnen
Otto-str.
Kita
H.-Kapelle
Liselotte-Hermann-Str.
Hufeland-str.
Esmarch-str.
Senefelderplatz
bat-Studiotheater
Raabestr.
Metzer Str.
Verw.
Käthe-Niederkirchner-Str.
Heinrich-Roller-Str.
Saarbrücker Str.
St. Marien
St. Georgen
Sch.
St.-Katharinen-Stift
Hans-Otto-Str.
Kniprode-str.
Marg.-Sommer-Str.
Neuer Beach-Volleyball
Friedrichshain
Rodelbahn
Virchow-str.
Am Schweizer Garten
Platz am Königstor
Prenzlauer Berg
Am Friedrichshain
Tennisanl.
FRIEDRICHSHAIN
Volkspark
Märchenbrunnen
400m
Gr. Teich
Hain
Duftgtn.
Luxemburg-Pl.
St. Nikolai
TXL
2
Bartolomäus-K.
Friedenstr.
Mendelssohnstr.
Sen.-hm.
Georgenkirch-str.
Ev. Zentrale Berliner Br.
Rosengtn.
Friedrichshain
Städtisches Krkhs.
Karl-Liebknecht-Str.
Mollstr.
Braun-str.
Otto-Braun-Str.
Barnim-str.
Schulor.-seminar
Wadzeck-str.
Landes-pol.
Wein-str.
Freilichtbühne
Max-Fettling-Pl.
Krkhs. Friedrichshain

151

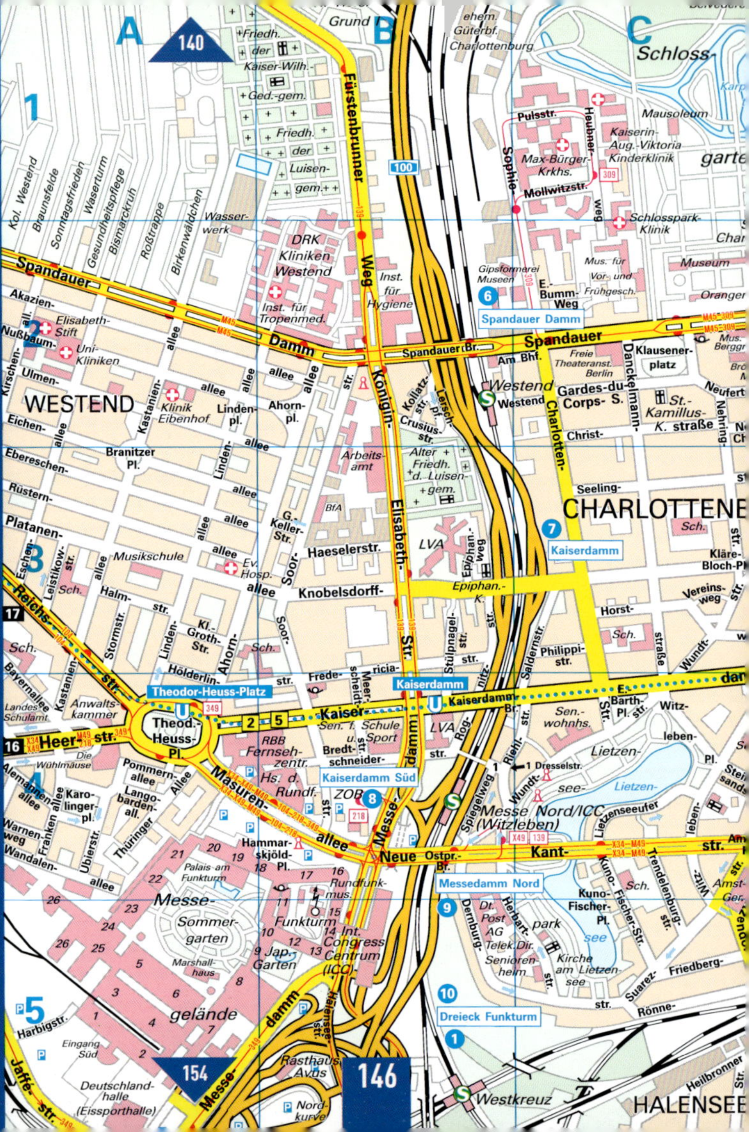

A
B
C
140
1
2
3
4
5
154
146
Friedh. der Kaiser-Wilh.-Ged.-gem.
Friedh. der Luisen-gem.
Grund
ehem. Güterbf. Charlottenburg
Schloss-
Mausoleum
Kaiserin-Aug.-Viktoria Kinderklinik
Pulsstr.
Heubner-weg
Sophie-
Max-Bürger-Krkhs.
Mollwitzstr.
Schlosspark-Klinik
Mus. für Vor- und Frühgesch.
Museum
Oranger
Fürstenbrunner Weg
100
Kol. Westend
Braunsfelde
Sonntagsfrieden
Wasserturm
Gesundheitspflege
Bismarckruh
Roßtrappe
Birkenwäldchen
Wasser-werk
DRK Kliniken Westend
Inst. für Hygiene
Inst. für Tropenmed.
Gipsformerei Museen
E.-Bumm-Weg
6
Spandauer Damm
Spandauer Br.
Akazien-allee
Elisabeth-Stift
Nußbaum-allee
Uni-Kliniken
Kirschen-allee
Ulmen-allee
WESTEND
Kastanien-allee
Klinik Eibenhof
Linden-pl.
Ahorn-pl.
Königin-Elisabeth-Str.
Kollatz-str.
Lerschpf.
Crusius-str.
Am Bhf. Westend
Westend
Freie Theaterantst. Berlin
Klausener-platz
Gardes-du-Corps-Str.
Danckelmann-str.
St.-Kamillus-K.
Neufert
Nehring-str.
Christ-str.
Charlotten-burger
Eichen-allee
Branitzer Pl.
Linden-allee
Eberesch en-allee
Rüstern-allee
Arbeits-amt
Alter Friedh. d. Luisen-gem.
Seeling-
CHARLOTTENB
Sch.
BfA
G.-Keller-Str.
Platanen-allee
Haeselerstr.
LVA
Epiphan.-weg
7
Kaiserdamm
Klöre-Bloch-Pl.
Eschen-allee
Leistikow-str.
Musikschule
Ev. Hosp.
Soor-str.
Knobelsdorff-str.
Epiphan.-K.
Vereins-weg
Reichs-str.
17
Halm-str.
Stormstr.
Kl.-Groth-Str.
Ahorn-str.
Stülpnagel-str.
Horst-str.
Philippi-str.
Wundt-str.
Saldernstr.
Sch.
Bayernallee
Hölderlin-str.
Frederica-str.
Meerscheidt-str.
Theodor-Heuss-Platz
Kaiserdamm
Landes-Schulamt
Anwalts-kammer
Theod.-Heuss-Pl.
349
Kaiser-damm
E.-Barth-Pl.
Witz-leben-Pl.
Sen.-wohnh.
Sen. f. Schule u. Sport
RBB Fernseh-zentr.
Bredtschneider-str.
Rognitz-str.
Riehl-str.
16
Heer-str.
Die Wühlmäuse
Pommern-allee
Alemannen-allee
Karolinger-pl.
Lango-barden-all.
Masuren-allee
Hs. d. Rundf.
Kaiserdamm Süd
ZOB
8
Messedamm
1 Dresselstr.
Lietzen-see
Lietzen-seeufer
Messe Nord/ICC (Witzleben)
Spiegelweg
Warnen-weg
Franken-allee
Ubierstr.
Thüringer Allee
Wandalen-allee
Hammar-skjöld-Pl.
Neue Kant-str.
Ostpr. Br.
Palais am Funkturm
Rundfunk-mus.
Messedamm Nord
9
Dernburg-str.
Dt. Post AG Telek.Dir.
Herbert-str.
Kuno-Fischer-Pl.
Kuno-Fischer-Str.
Trendelenburg-str.
Amtsger.
Messe-Sommer-garten
Funkturm
Int. Congress Centrum (ICC)
Jap. Garten
Marshall-haus
Senioren-heim
park
Kirche am Lietzensee
Friedberg-str.
Suarez-str.
gelände
10
Dreieck Funkturm
Rönne-str.
Harbigstr.
Eingang Süd
Messe-damm
Halensee-str.
Rasthaus Avus
Nord-kurve
Deutschland-halle (Eissporthalle)
Jaffé-str.
Westkreuz
HALENSEE
Heilbronner Str.

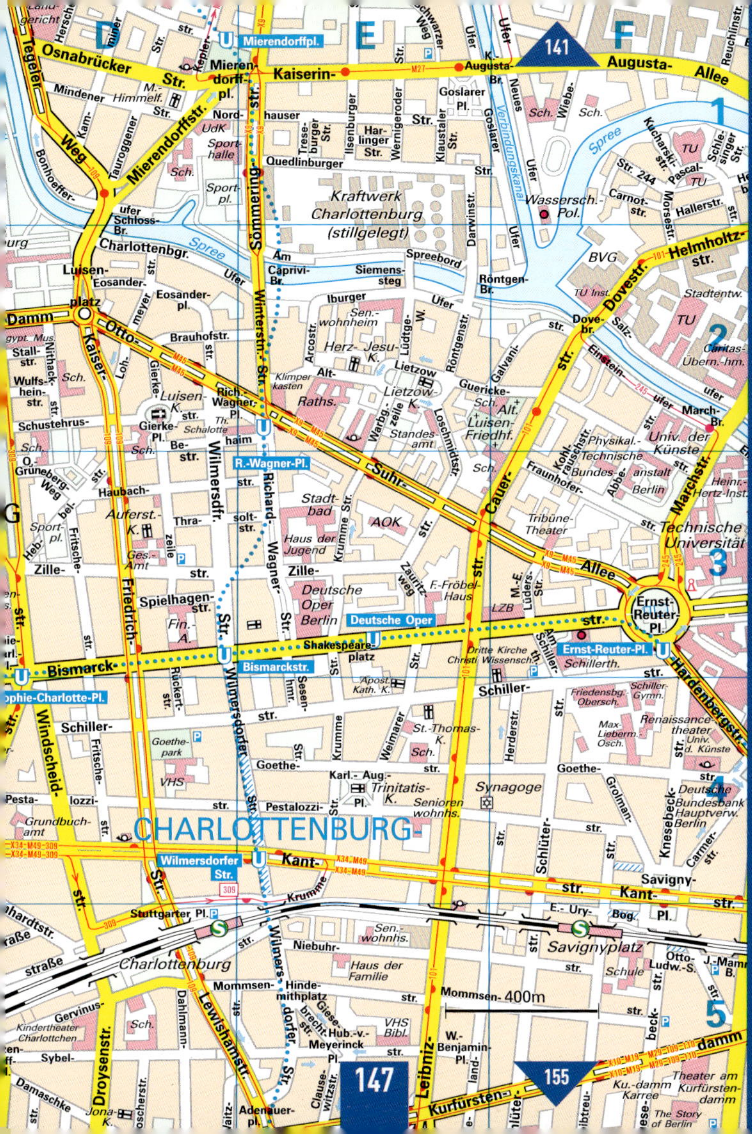

D
E
F
141
1
2
3
4
5
G
Mierendorffpl.
Osnabrücker Str.
Tegeler Weg
Kaiserin-Augusta-Allee
Mierendorffpl.
Mierendorffstr.
Mindener Str.
M.-Himmelf.
Nordhauser Str.
UdK
Sporthalle
Sportpl.
Sch.
Bonhoeffer-ufer
Tauroggener Str.
Kamminer Str.
Schloss-Br.
Charlottenbgr. Ufer
Spree
Sömmering-str.
Tresebuger Str.
Ilsenburger Str.
Harlinger Str.
Wernigeroder Str.
Goslarer Pl.
Klaustaler Str.
Goslarer Ufer
Neues Ufer
Verbindungskanal
Quedlinburger Str.
Kraftwerk Charlottenburg (stillgelegt)
Darwinstr.
Wassersch.-Pol.
Wiebestr.
Sch.
Kucharski-str.
TU
Schlesinger Str.
Str. 244
Pascal-str.
Carnot-str.
Morsestr.
Hallerstr.
Am Spreebord
Caprivi-Br.
Siemenssteg
Röntgen-Br.
BVG
Helmholtz-str.
TU Inst.
Stadtentw.
Dovestr.
Dove-br.
Salzufer
TU
Caritas-Übern.-hm.
Einstein-ufer
March-Br.
Luisen-platz
Eosander-str.
Eosander-pl.
Kaiserdamm
Otto-Suhr-Allee
Iburger Ufer
Sen.-wohnheim
Herz-Jesu-K.
Lüdtgestr.
Arcostr.
Brauhofstr.
Röntgenstr.
Galvanistr.
Ägypt. Mus.
Stallstr.
Nithack-str.
Wulfsheinstr.
Sch.
Loh-meyer-str.
Gierkezeile
Luisen-K.
Rich.-Wagner-Pl.
Klimperkasten
Alt-Lietzow
Raths.
Lietzow-K.
Guericke-str.
Sch.
Alt. Luisen-Friedhf.
Schustehrus-str.
Gierke-Pl.
Th. Schalotte
Besselstr.
Warburgzeile
Standesamt
Loschmidtstr.
Univ. der Künste
Physikal.-Technische Bundesanstalt Berlin
Kohlrauschstr.
Abbestr.
Sch.
O.-Grüneberg-Weg
Sch.
Wintersteinstr.
Haubach-str.
R.-Wagner-Pl.
Richard-Wagner-Str.
Fraunhofer-str.
Heinr.-Hertz-Inst.
Marchstr.
Auferst.-K.
Thrasolt-str.
Stadtbad
Krumme Str.
AOK
Cauer-str.
Tribüne-Theater
Technische Universität
Sportpl.
Fritsche-str.
Heb-bel-str.
Ges.-Amt
Haus der Jugend
Zille-str.
Zaunitzweg
F.-Fröbel-Haus
M.-E.-Lüders-str.
Spielhagen-str.
Fin.-A.
Deutsche Oper Berlin
Deutsche Oper
LZB
Ernst-Reuter-Pl.
Friedrich-str.
Wilmersdorfer Str.
Bismarck-str.
Shakespeare-platz
Dritte Kirche Christi Wissensch.
Am Schillerth.
Ernst-Reuter-Pl.
Schillerth.
Sophie-Charlotte-Pl.
Bismarckstr.
Rückert-str.
Sesenheimer Str.
Apost. Kath. K.
Schiller-str.
Friedensbg.-Oberrsch.
Schiller-Gymn.
Hardenbergstr.
Windscheid-str.
Schiller-str.
Goethe-park
St.-Thomas-K.
Weimarer Str.
Herderstr.
Max-Lieberm.-Osch.
Renaissance-theater
Univ. d. Künste
Sch.
Goethe-str.
Goethe-str.
Karl.-Aug.-Pl.
Trinitatis-K.
Synagoge
Grolman-str.
Deutsche Bundesbank Hauptverw. Berlin
VHS
Pesta-lozzi-str.
Pestalozzi-str.
Senioren wohnhs.
Grundbuch-amt
CHARLOTTENBURG
Schlüter-str.
Knesebeck-str.
Carmer-str.
Wilmersdorfer Str.
Kant-str.
Savigny-Pl.
Krumme
Stuttgarter Pl.
E.-Ury-Bog.
Hardtstraße
Sen.-wohnhs.
Niebuhr-str.
Savignyplatz
Otto-Ludw.-S.
J.-Mamm-B.
Schule
Charlottenburg
Haus der Familie
Mommsen-str.
Hindemithplatz
Giesebrechtstr.
Mommsen-str.
400m
VHS Bibl.
Gervinus-str.
Kindertheater Charlottchen
Sch.
Dahlmann-str.
Lewishamstr.
Wilmersdorfer Str.
Hub.-v.-Meyerinck-Pl.
W.-Benjamin-Pl.
Leibniz-str.
Kurfürsten-damm
Theater am Kurfürsten-damm
Ku.-damm Karree
The Story of Berlin
Sybel-str.
Damaschke-str.
Droysenstr.
Jona-K.
Adenauer-pl.
Clausewitzstr.
Sch.
155

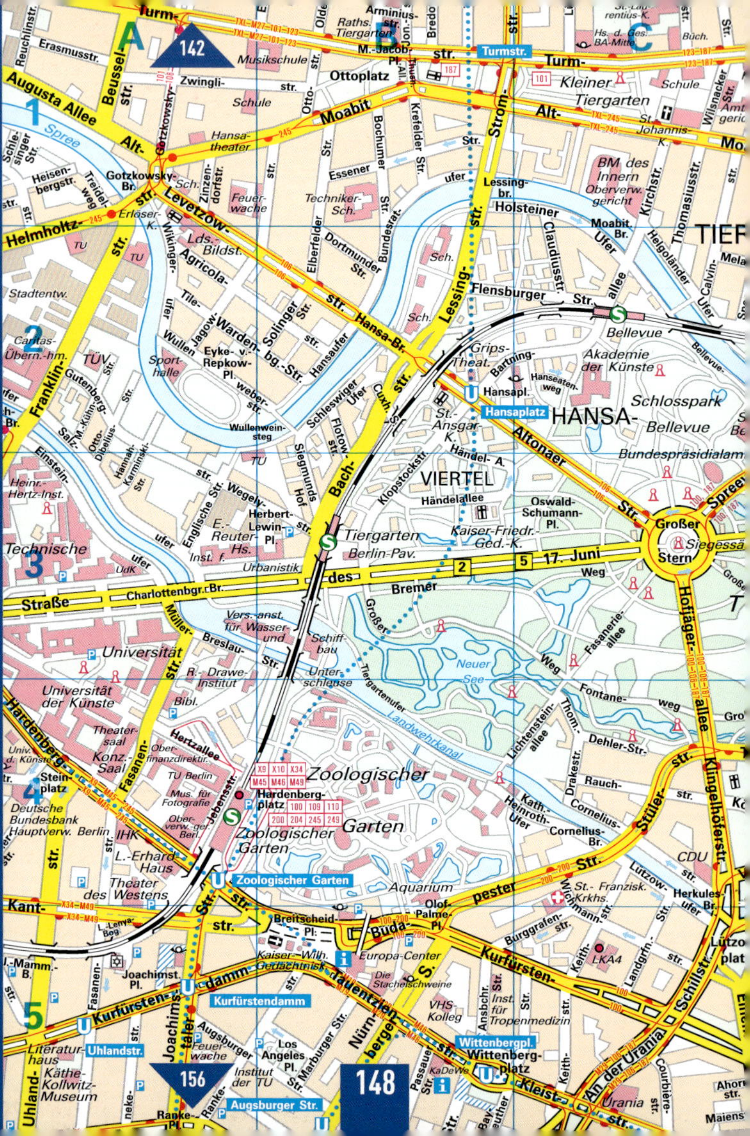

142
156
A
B
C
1
2
3
4
5
Turmstr.
Turm-str.
Arminius-str.
Raths. Tiergarten
M.-Jacob-Pl.
Musikschule
Ottoplatz
Kleiner Tiergarten
Schule
St. Johannis-K.
Alt-Moabit
Augusta Allee
Beussel-str.
Erasmusstr.
Reuchlinstr.
Zwingli-str.
Gotzkowsky-str.
Gotzkowsky-Br.
Hansa-theater
Spree
Heisen-bergstr.
Treidel-weg
Helmholtz-str.
Erlöser-K.
Levetzow-str.
Zinzen-dorfstr.
Feuer-wache
Techniker-Sch.
Essener
Bochumer
Krefelder Str.
Strom-str.
Lessing-br.
Holsteiner Ufer
BM des Innern
Oberverw.-gericht
Kirchstr.
Thomasiusstr.
Moabit. Br.
Helgoländer Ufer
Claudiusstr.
Lds.-Bildst.
Agricola-
Dortmunder Str.
Elberfelder
Bundesrat-ufer
Stadtentw.
TU
Wikinger-ufer
Tile-Wardenberg-Str.
Jagow-
Solinger Str.
Hansa-Br.
Lessing-str.
Flensburger Str.
Bellevue
Akademie der Künste
Caritas-Übern.-hm.
TÜV
Franklin-str.
Gutenberg-str.
Wullen
Sport-halle
Eyke-v.-Repkow-Pl.
weber-str.
Hansaufer
Schleswiger Ufer
Cuxh.
Grips-Theat.
Bartning-
Hanseaten-weg
Hansapl.
Hansaplatz
HANSA-VIERTEL
Schlosspark Bellevue
Bundespräsidialamt
Altonaer Str.
St.-Ansgar-K.
Händel-A.
Händelallee
Klopstockstr.
Flotow-str.
Wullenwein-steg
Siegmunds Hof
Bach-str.
Einstein-ufer
Salz-ufer
Otto-Dibelius-str.
Hannah-Karminski-Str.
Heinr.-Hertz-Inst.
Technische Universität
Englische Str.
Wegely-str.
Herbert-Lewin-Pl.
E.-Reuter-Hs.
Inst. f. Urbanistik
Tiergarten
Berlin-Pav.
Kaiser-Friedr.-Ged.-K.
Oswald-Schumann-Pl.
Großer Stern
Siegessäule
Straße des 17. Juni
Charlottenbgr. Br.
UdK
Bremer Weg
Großer Weg
Fasanerie-allee
Hofjäger-allee
Müller-Breslau-Str.
Vers.-anst. für Wasser und Schiffbau
Unter-schleuse
Tiergartenufer
Neuer See
Fontane-weg
Universität der Künste
R.-Drawe-Institut
Bibl.
Landwehrkanal
Thom.-Dehler-Str.
Lichtenstein-allee
Hardenberg-str.
Univ. d. Künste
Theater-saal
Konz.-Saal
Fasanen-str.
Hertzallee
Ober-finanzdirektion
TU Berlin
Mus. für Fotografie
Ober-verw.-ger. Berl.
Jebensstr.
Hardenberg-platz
Zoologischer Garten
Kath.-Heinroth-Ufer
Rauch-str.
Drakestr.
Cornelius-str.
Cornelius-Br.
Stüler-str.
Klingelhöferstr.
CDU
Steinplatz
Deutsche Bundesbank Hauptverw. Berlin
IHK
L.-Erhard-Haus
Theater des Westens
Aquarium
Olof-Palme-Pl.
Budapester Str.
St.-Franzisk.-Krkhs.
Wichmann-str.
Lützow-ufer
Herkules-Br.
Kant-str.
L.-Lenya-Bog.
Joachimst. Pl.
Breitscheid-Pl.
Kaiser-Wilh.-Gedächtnisk.
Europa-Center
Die Stachelschweine
Burggrafen-str.
Kurfürsten-str.
Keith-str.
LKA4
Landgrfn.-str.
Schillstr.
Lützowplatz
Kurfürstendamm
Uhlandstr.
Literaturhaus
Käthe-Kollwitz-Museum
Joachimstaler Str.
Augsburger Str.
Feuerwache
Los Angeles Pl.
Marburger Str.
Nürnberger Str.
Tauentzien-str.
VHS-Kolleg
Ansbchr. Str.
Inst. für Tropenmedizin
Wittenbergpl.
Wittenbergplatz
KaDeWe
Passauer Str.
An der Urania
Urania
Kleist-str.
Courbière-str.
Institut der TU
Ranke-Pl.
Augsburger Str.
Uhland-str.
Maienstr.

D
E
F
143
1
2
3
4
5
Schloß-Park
Senioren-heim
Geschichts-park
sozial-gericht
Charité
Hochhaus
Humboldt-Universität
Anatomisches Theater
Universitäts-medizin Berlin
Deutsches Theater
Kammer-spiele
Ladestr.
Europapl.
Berlin Hbf. (Lehrter Bf.)
Hauptbahnhof
Humboldt-hafen
Washington-platz
Invaliden-
Alt-Moabit
Rathenower Str.
Seydlitz-
Claire-Waldoff-
Lesser-Ury-Weg
Dix-Str.
Otto-Prom.
OSZ
Landesinst. f. gerichtl. u. soz. Medizin
LKA3
Quartier in Bau
Rahel-Hirsch-S.
Minna-Cauer-Str.
H.-Preuß-Br.
Alexander-Ufer
Kapelleufer
Charitépl.
Schumann-str.
Reinhardt-str.
Karl-pl.
Marienstr.
Gerhardt-str.
Werft-str.
Fleming-str.
1 E.-Herwegh-Str.
2 A.-Zahn-Harnack-Str.
3 I.-Schaeffer-Str.
4 Berta-Benz-Str.
Feuerwehr
Abegg-Str.
Moltke-br.
Erhard-Ufer
Willy-Brandt-Str.
Botschaft Schweiz
Otto-von-Bismarck-All.
Konrad-Adenauer-Str.
Jak.-Miersch.-Steg
Schiffbauer-damm
Bds.-presse-Konf.
A.-Schreiber-Krieger-Str.
DBT Verw.
BM für Güterverk.
Ingeborg-Drewitz-Allee
Alice-Berend-Str.
Nord-br.
Kanzler-park
Spree
Bundes-kanzleramt
Süd-br.
Paul-Löbe-Haus (DBT)
Bundestag
Marie-Elisabeth-Lüders-Haus (Dt. Bundestag)
Schiffbauer-damm
Marschallbr.
Joachim-Karnatz-Allee
Paul-Haus der Kulturen der Welt
Löbe-Allee
Platz der Republik
Reichstags-gebäude (DBT)
Fr.-Ebert-Pl.
Reichstag-ufer
Jakob-Kaiser-Haus (Deutscher Bundestag)
Moabiter Werder
Bettina-von-Arnim-Ufer
Carillon
Große Querallee
Heinr.-v.-Gagern-Str.
Scheidemann-str.
Dorotheen-str.
Bds.-vermög.-Amt
Wilhelm-str.
Paul-Luther-Br.
John-Foster-Dulles-Allee
Zelten-pl.
Sowjetisches Ehrenmal
Simsonweg
Ebertstr.
Brandenburger Tor
Pariser Pl.
Großfürsten-pl.
Yitzhak-Rabin-Str.
Platz des 18. März
Brandenburger Tor
DBT
Kleiner Stern
Straße des 17. Juni
Akademie der Künste
Behrenstraße
Behren-str.
Weg
Bellevue-
Entlastungsstr. B96
Straßentunnel
Eisenbahntunnel in Bau
Löwen-Dkm.
Denkmal für die ermordeten Juden Europas
Cora-Berliner-Str.
BM für Ernährung, Landwirtschaft u. Verbraucherschutz
Tiergarten
Goethe
Ahorn-steig
Hannah-Arendt-Str.
Hochschule für Musik
Rousseau-insel
Friedr.-Wilh. III
Lessing
Landes-vertr.
In den Min.-gärten
Gertr.-Kolmar-Str.
An der Kolonnade
Sternallee
96
1 L.-Beisheim-Pl.
2 Am Park
3 Berliner Freiheit
Luiseninsel
Ahorn-steig
allee
Lenné-str.
Kemper-Pl.
Hauschner-Str.
Henriette-Herz-Park
Hans-Bülow-S.
Voß-str.
Mosse-Palais
Weg
347
Musikinstr.-museum
Film-mus.
Bellevuestr.
Sony Center
Arkaden
Potsdamer Pl.
Leipziger Pl.
Leipziger Str.
Bundes-rechnungshof
Tiergarten-str.
LV-B.-Württemb.
Kunstgewerbe-museum
Philharmonie
Kammer-musik-saal
Ben-Gurion-Str.
Potsdamer Str.
Bundesrat
BM der Finanzen
Potsdamer Pl.
LV-Nordrh.-Westf.
Hiroshimastraße
Hildebrandstraße
Bundesamt für Kartogr. u. Geo.
Kulturforum
Kunstbibliothek
Kupferstichkabinett
Gemälde-galerie
Matthäi-kirchplatz
Spiel-bank
Marl.-Dietrich-Pl.
Voxstr.
Eichhorn-str.
L.-Beck-Str.
Fontane-pl.
Stresemann-str.
E.-Berger-Str.
Abgeordnetenhaus von Berlin
LV-Bremen
Gedenkstätte Dt. Widerstand
BM der Verteidigung (2. Dienstsitz)
Sigismund-str.
Stauffenberg-str.
Hitzigallee
Neue Nationalgalerie
Theat. am Potsd. Pl.
Staats-bibl.
Alte Potsdamer Str.
Niederkirchnerstr.
Martin-Gropius-Bau
Topographie des Terrors
Europahaus (BM für wirtschaftliche Zusammenarbeit und Entwicklung)
Reichpietsch-ufer
Wissenschafts-zentrum
Tilly-Durieux-Park
Gabriele-Tergit-Promenade
4 Potsd. Platz Arkaden
Köthener Str.
Schöneberger Ufer
General-Bds.-Anw.
Bendler-Br.
Landwehrkanal
Potsdamer Br.
Link-str.
Schelling-str.
Theaterufer
Bern-burger Str.
Dessauer Str.
Deutschland-haus
Askanischer Pl.
Lützow-
Kultur-zentrum
Jugend-Gästehs.
Elisab.-Krkhs.
Am Karlsbad
G.-C.-Marshall-Br.
Mendelssohn-Bartholdy-Park
Hafen-pl.
Anhalter Bhf
Magdebgr. Pl.
1
Bissing-zeile
96
400m
Mendelssohn-Bartholdy-Park
Schöneberger Str.
Dkm. d. Anhalter Bf.
Derfflingerstr.
Schule
Genthiner Str.
Kluck-str.
Arbeits-ger.
St.-Ludgerus-K.
Sch.
Pohl.
Wintergtn. variété
Potsdamer str.
Körnerstr.
Flottwell-str.
Beach-volley-ball-platz
Schöne-berger Str.
157
Schöneberger Br.
Tiefbauamt
Tempodrom
Lapi-darium
Hallesches Ufer

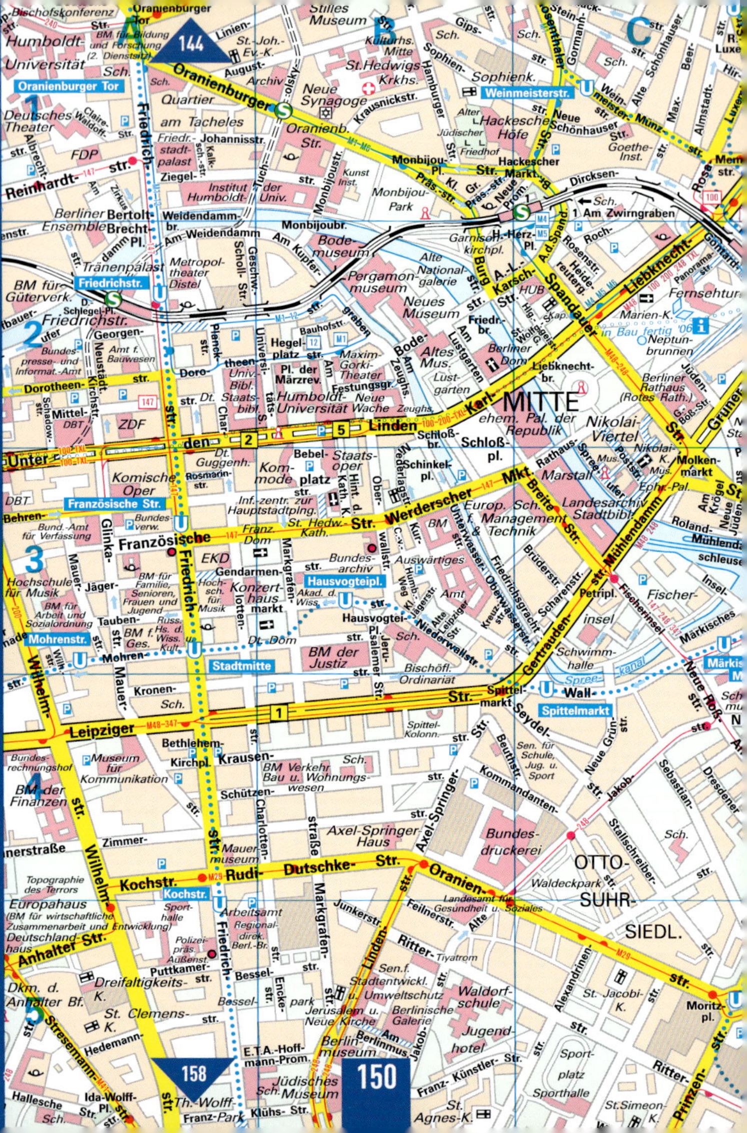

144
158
150
A
B
C
1
2
3
4
5
MITTE
OTTO-SUHR-SIEDL.
Oranienburger Tor
Weinmeisterstr.
Friedrichstr.
Französische Str.
Hausvogteipl.
Mohrenstr.
Stadtmitte
Spittelmarkt
Kochstr.
Humboldt-Universität
Deutsches Theater
Berliner Ensemble
Tränenpalast
Metropol-theater Distel
Neue Synagoge
Oranienburger Str.
Hackesche Höfe
Hackescher Markt
Monbijou-Park
Bode-museum
Pergamon-museum
Alte National-galerie
Neues Museum
Altes Mus.
Lustgarten
Berliner Dom
Fernsehturm
Marien-K.
Neptun-brunnen
Berliner Rathaus (Rotes Rath.)
Nikolai-Viertel
Marstall
Schloßpl.
ehem. Pal. der Republik
Staatsoper
Bebelplatz
Unter den Linden
Komische Oper
Gendarmenmarkt
Konzerthaus
Dt. Dom
Französische Str.
Friedrich-str.
Leipziger Str.
Wilhelm-str.
Kochstr.
Rudi-Dutschke-Str.
Oranien-str.
Axel-Springer-Haus
Axel-Springer-str.
Bundesdruckerei
Museum für Kommunikation
BM der Finanzen
Topographie des Terrors
Europahaus
Deutschlandhaus
Anhalter Str.
Dkm. d. Anhalter Bf.
Stresemann-str.
Mauer-museum
Jüdisches Museum
Berlin-museum
E.T.A.-Hoffmann-Prom.
Fischerinsel
Mühlendamm
Gertrauden-str.
Spittelmarkt
Wallstr.
Karl-Liebknecht-Str.
Spandauer Str.
Landesarchiv Stadtbibl.
Waldeckpark
Sportplatz
St. Jacobi-K.
Moritzpl.
Prinzen-str.
Ritter-str.
Lindenstr.
Markgrafen-str.
Charlotten-str.

FRIEDRICHSHAIN
Volkspark
Friedrichshain
Freilichtbühne
Städtisches Krkhs.
Max-Fettling-Pl.
Landsberger Allee
Platz der Vereinten Nationen
Lichtenberger Str.
Karl-Marx-Allee
Alexanderplatz
Schillingstr.
Strausberger Pl.
Jannowitzbr.
Klosterstr.
Heinrich-Heine-Str.
FRIEDRICHSHAIN-
Ostbahnhof
Spree
Spreepark
Mühlenstr.
East-Side-Gallery
Köpenicker Str.
Holzmarktstr.
Alexanderstr.
Brückenstr.
Gesundheitszentrum
M.-Planck-Obersch.
Fr.-Engels Obersch.
Deutsches Zentrum für Architektur, Planungs- u. Bauwesen
Senatsverw. f. Stadtentwicklung
Märk. Museum
Köllnischer Park
Jannowitz Center
Städt.Krkhs. Mitte
Engelbecken
Oberstufenzentr.
Kunstamt Kreuzberg
Künstlerhaus
Ballhaus
Jugendfreizeitheim
Markthalle
Oberstufenzentrum
Schlesisches Tor
Victoriaspeicher
Rummelsburger Pl.
F.-Mehring-Pl.
Pariser Kommune
Rüdersdorfer Str.
Andreasstr.
Stralauer Platz
Am Ostbahnhof
Erich-Steinfurth-Str.
Oranienpl.
Manteuffelstr.
400m
1
2
3
4
5
E
F
145
159

A
B
C
1
2
3
4
5
Friedrichshain
FRIEDRICHS
HAIN
KARL-MARX-
1/5 ALLEE
WEBERWIESE
FRANKFURTER TOR
FRANKFURTER A.
SAMARITER-STR.
FRANK-
BOXHAGENER STR.
GRÜNBERGER STR.
BLN. OSTBF
WARSCHAUER STR.
WARSCHAUER
OSTKREUZ
STRALAUER ALLEE
STRAL. ALLEE
Spree
SCHLES. TOR
SKALITZER STR.
KÖPENIKER STR.
SCHLESISCHE STR.
PUSCHKIN ALL.
TREPTOWER PARK
TREPTOWER
ELSEN STR.
PUSCHKIN-
Görlitzer Park
Schlesischer Busch
Alt-Treptow
Treptow
MÜHLEN
DER PARISER
KOM. MUNE
Franz-Mehring-Pl.
Revaler Str.
Helsingforser Pl.
Simon-Dach-Str.
Wühlisch-str.
Rudolf-Pl.
Modersohn-br.
Oberbaum-br.
Lohmühlen-insel
Bundes-kriminal-amt
Arena Berlin
O2-Platz
Osthafen
Caroline-Herschel-Platz
S3·5·7
S3 5 7 75
RE1·2·7
RB14
U1
U5
N5
M10
M13
M29
N1
N40
N65
347
265
166
194
171
104
96a
3,8m
4,0m
1 Moosdorfstr.
2 H.-Thoma-Str.
1 Wühlischpl.
2 Helenenhof
2 M.-v.-Rantzau-Str.
3 M.-Harnack-Str.
4 W.-Kallenbach-Str.
1 An den Treptowers
2 Am Flutgraben
1 Hermann-Stöhr-Pl.
1 Rochow-str.

Lichtenbg.
Friedrichs-
felde
Rummelsburg
Stralau
Plänterwald
Victoria-
stadt
MÖLLENDORFF-
STR.
FURTER
ALLEE
ALT-FRIEDRICHS
FELDE
B.-LICHTENBERG
RB12·24·NE26
OE25,60
OE25,60
RB12·NE26
NÖLDNER
PLATZ
RUMMELSBURGER
STR.
SEWAN
STR.
HAUPT-
STR.
KÖPENICKER
CHAUSSEE
ALT-TREPTOW
BETRIEBSBF
RUMMELSBG.
FRIEDRICHS-
FELDE
MAGDAL.-
STR.
SCHLICHT-
ALLEE
Güterbf.
Lichtenberg
Rosenfelder
Gotlinde
Rüdiger
Fanninger
Frankfrt. A.
Buchberger
Sophien
Margaretenstr.
Eduardstr.
Münsterland
Delbrück
Bietzkestr.
Schwarzmeer
str.
Balaton
Moldau
Dolgensee
Hönower
Saganer
Zobtener
Tannhäuser
Wallenstein
Kraftwerk
Klingenberg
Sanssouci
Rummelsburger
See
Liebes-
insel
Kratzbruch
Insel
d. Jugend
Schwimmhalle
Sewanstrasse
Bürger-
und
Tiefbauamt
1 Dolgenseestr.
2 Mellenseestr.
1 Emma-Ihrer-Str.
2 Clara-Grunwald-Str.
3 Lina-Morgenstern-Str.
4 Alice- u. Hella-Hirsch-Ring
5 Paula-Fürst-Str.
6 Gisèle-Freund-Hain
7 Charlotte-Salomon-Hain
RE 1·2·7
RB14

146
A
B
C
Messe-
gelände
Marshall-8 haus
Harbigstr.
Eingang Süd
Jaffé-
Deutschland-halle (Eissporthalle)
Messe Süd
Messe-
damm
Messedamm-Br.
Rasthaus Avus
Nord-kurve
Messedamm Süd
Halensee-
Dreieck Funkturm
Westkreuz
HALENSEE
Rönne-
Heilbronner
Lützen-str.
Ringbahn-str.
Georg-Wilh.-Str.
Katharinen-
Karlsruher
Henrietten-pl.
Kurfürstendamm
Kurfürstend.-Br.
West-fälische
Halensee
J.-Sigismund-
Seesener
Waldschulallee
Zikaden-weg
Am Vogelherd
Am Flieder-busch
Cordes-str.
Am Dorn-busch
Lärchenw.
Eichkatzweg
Eichkamp-
A V U S
Golf-platz
Güterbhf. Grunewald
Werkstättenweg
Bornstedter
Kronpr.-damm
Bor-nimer Str.
Ned-litzer Str.
Friedenthal-Park
Halen-see
Freibad
Jugendhm.
Marga-reten-str.
Rathenau-Pl.
Storck-winkel
Jgnd.-hm.
Schwarzbchr.
Gillweg
Schwarzb.-Br.
Friedrichs-
Trabener
Nier-steiner Str.
Erbacher Str.
Erdener
Gneiststr.
Wallotstr.
Umwelt-Bundes-amt
Senioren-Hm.
Schinkel-str.
Caspar-
Herbert-
Sch.
Bismarck-Pl.
allee
Buntschuh-Str.
Theyß-
Viktoria-
Grieser Pl.
Klin. f. kosm. Chirurgie
Mart.-Luth.-Krkhs.
koenigs-
allee
Lynar-Johanna-Pl.
Lynar-
Wissmann-
Senioren-hm.
Hasensprung
Koenigs-see
Koenigsallee-Br.
Hertha-see
Herthastr.
Bismarck-
Hertha-
Schleinitz-str.
Bismarck-br.
straße
Humboldt-
Paulsborner
Charlottenbrunner
Winkler-
DRK Hosp.
Diana-see
E.-Seidel-Krkhs.
Lassen-
Delbrück-
allee
Schwedler-str.
Hubertus-see
Grunewald-klinik
Warmbrunner
Hubertus-Sportplatz
Kurt-Weiß-Sporthalle
Wangen
Auguste-
Kudowa-
Salz-
brunner
Koenigs-
Bismarck-
Grunew.-K.
Sch.
GRUNEWALD
Taubert-
Feuer-wache
Hagen-pl.
Toni-
Furtwängler-
St.-Karl-Borromäus-K.
Hubertus-
Carl-L.-Schleich-Prom.
Franzensbader
Reinerz-
Flinsbgr. Pl.
Oberlin-Seminar
Hohenzollern-
Kranzer
Kreuz-K.
Menzel-
Klind-worth-stg.
Bilse-str.
Werner-
Strauss-
Lessler-
Jos.-Joach.-Pl.
Elgersbgr.
Ilmenauer Str.
Forckenbeck-
Leo-Blech-Pl.
Taubert-str.
Dachsberg
Berkaer
Nikisch-str.
Grieg-
Wissensch.-zentrum
Reger-
Hagen-
Rich.-Brahms-
Knaus-
VJZ
B.-Wieck-Prom.
Hubertusbader
Taunusstr.
Teplitzer Str.
Eger-
Plö-ner str.
Elster-Pl.
Kissinger
Viktoria-Str.
Salvator K.
Kissinger Pl.
Spohr-str.
Wild-
Reuter-pfad
berger
Karls-bader
Hohenzollern-
Städt. Hosp.
Berkaer Str.
Rathaus Berkaer Platz
Aug.-
Davoser
Weinheimer
Tölzer
SCHMARGENDORF
Reichenhaller
Königsmarck
Marien-bader Str.
Ruhlaer Str.

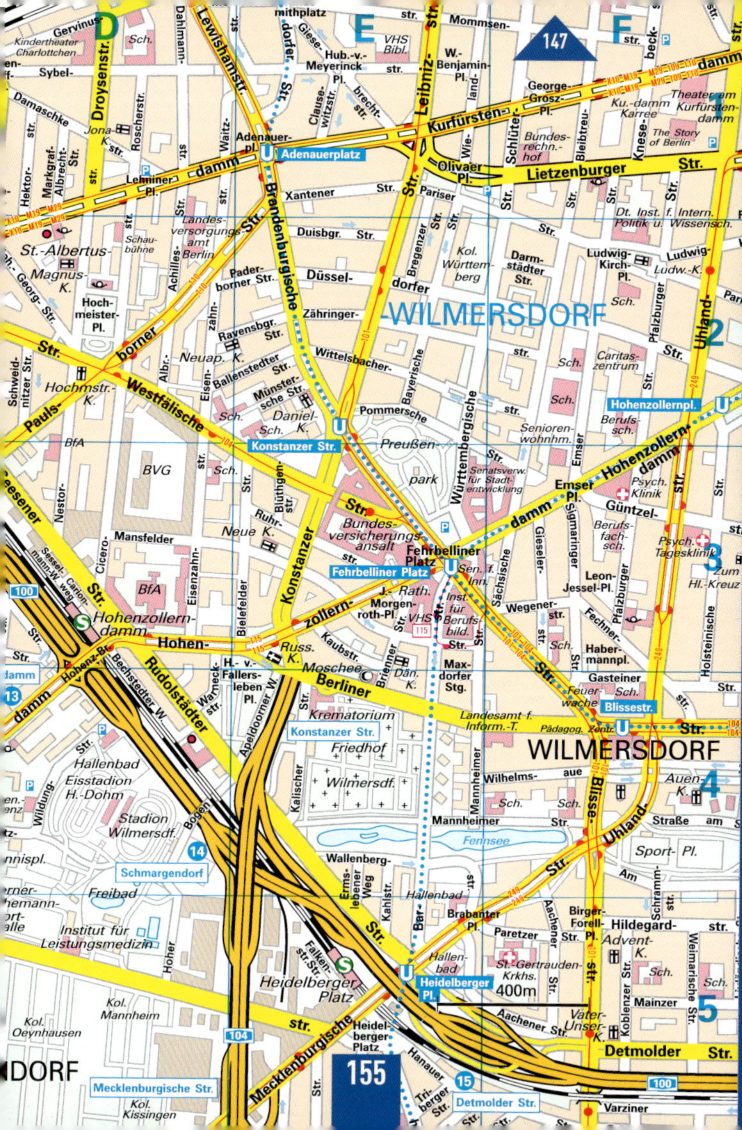
D
E
F
147
1
2
3
4
5
Gervinus-
Kindertheater Charlottchen
Sch.
Dahlmann-
Lewisham-str.
mithplatz
Hub.-v.-Meyerinck-Pl.
VHS Bibl.
Leibniz-str.
Mommsen-
W.-Benjamin-Pl.
George-Grosz-Pl.
Theater am Kurfürstendamm
Ku.-damm Karree
The Story of Berlin
Sybel-
Droysenstr.
Damaschke-str.
Jona-K.
Roscherstr.
Waitz-str.
Adenauer-pl.
Adenauerplatz
Kurfürsten-damm
Olivaer Pl.
Lietzenburger Str.
Bundes-rechn.-hof
Schlüter-str.
Bleibtreu-str.
Knese-beck-str.
Lehniner Pl.
Markgraf-Albrecht-Str.
Hektor-str.
Xantener Str.
Pariser
Dt. Inst. f. Intern. Politik u. Wissensch.
Landes-versorgungs-amt Berlin
Schau-bühne
Duisbgr. Str.
Kol. Württem-berg
Darm-städter Str.
Ludwig-Kirch-Pl.
Ludwig-
Ludw.-K.
St.-Albertus-Magnus-K.
Pader-borner Str.
Achilles-str.
Düssel-dorfer
Bregenzer Str.
Uhland-str.
Hoch-meister-Pl.
Zähringer-
WILMERSDORF
Sch.
Pfalzburger Str.
Ravensbgr. Str.
Wittelsbacher-
Caritas-zentrum
Schweid-nitzer Str.
Hochmstr.-K.
Westfälische
Neuap. K.
Ballenstedter Str.
Münster-sche Str.
Daniel-K.
Bayerische
Pommersche
Württembergische
Senioren-wohnhm.
Hohenzollernpl.
Berufs-sch.
Pauls-
BfA
Konstanzer Str.
Preußen-park
Emser Pl.
Hohenzollern-damm
Psych. Klinik
BVG
Blüthgen-str.
Senatsverw. für Stadt-entwicklung
Güntzel-
Nestor-
Neue K.
Ruhr-
Bundes-versicherungs-anstalt
Berufs-fach-sch.
Mansfelder
Fehrbelliner Platz
Sen. f. Inn.
Psych. Tagesklinik
Zum Hl.-Kreuz
Cicero-
Eisenzahn-
Inst. für Berufs-bild.
Sächsische
Gieseler-
Sigmaringer
Leon-Jessel-Pl.
100
BfA
J.-Morgen-roth-Pl.
Rath.
VHS
115
Wegener-str.
Fechner-
Hohenzollern-damm
Hohen-zollern-
Bielefelder
Konstanzer
Russ. K.
Kaubstr.
Haber-mannpl.
Holsteinische
H.-v.-Fallers-leben Pl.
Moschee
Brienner
Dän. K.
Max-dorfer Stg.
Gasteiner
Hohenz.-Br.
Rudolstädter
Berliner
Feuer-wache
Blissestr.
Bechstedter W.
Warneck-str.
Apeldoorner W.
Krematorium
Landesamt f. Inform.-T.
Pädagog. Zentr.
Konstanzer Str.
Friedhof
WILMERSDORF
Hallenbad
Eisstadion H.-Dohm
Wilmersdf.
Wilhelms-aue
Auen-K.
Stadion Wilmersdf.
Bogen
Kalischer
Mannheimer Str.
Sch.
Straße am
Fennsee
Blisse-str.
Sport-Pl.
Wildung-
14
Schmargendorf
Wallenberg-
Erms-lebener Weg
Kahlstr.
Hallenbad
Schramm-str.
Am
Freibad
Brabanter Pl.
Aachener Str.
Birger-Forell-Pl.
Hildegard-str.
Institut für Leistungsmedizin
Hoher
Falken-str.-Str.
Bar-str.
Paretzer
Advent-K.
Weimarische Str.
Heidelberger Platz
Hallen-bad
St.-Gertrauden-Krkhs.
400m
Heidelberger Pl.
Koblenzer Str.
Mainzer
Kol. Mannheim
Kol. Oeynhausen
str.
Heidel-berger Platz
Aachener Str.
Vater-Unser-K.
104
Mecklenburgische
Hanauer
Detmolder Str.
DORF
Mecklenburgische Str.
15
Tri-berger Str.
Detmolder Str.
Varziner
Kol. Kissingen
13

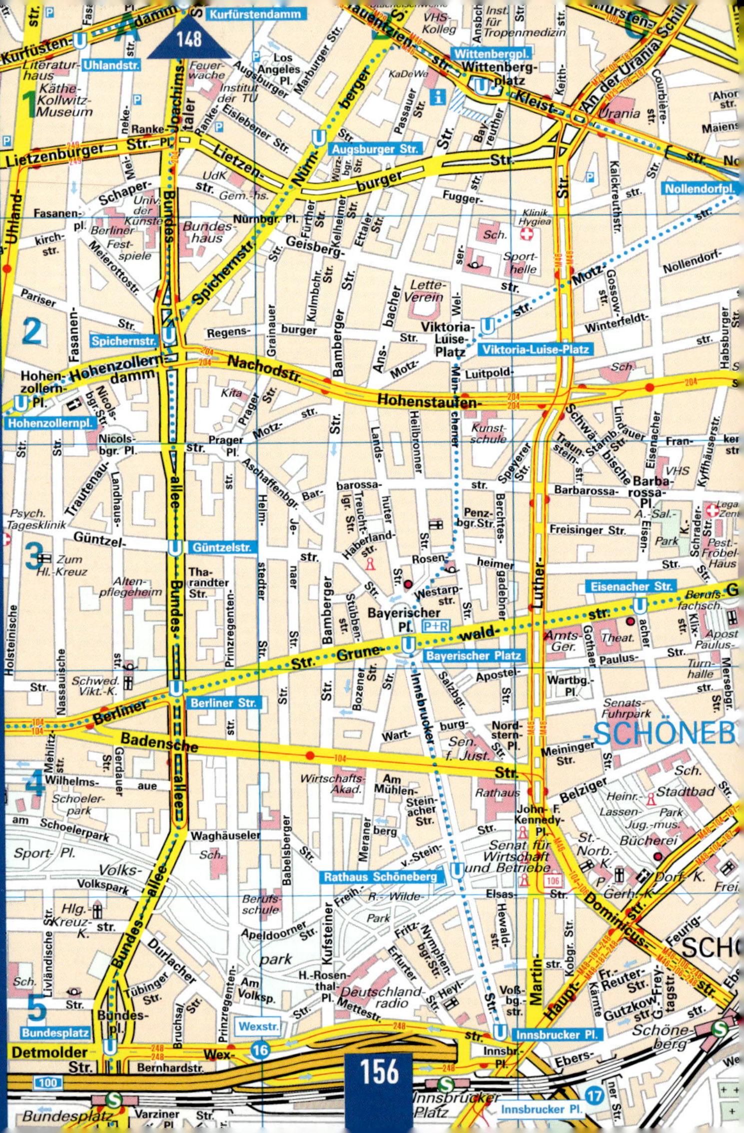
148
156
Kurfürstendamm
Uhlandstr.
Literatur-haus
Käthe-Kollwitz-Museum
Feuer-wache
Los Angeles Pl.
Augsburger Str.
Marburger Str.
Institut der TU
Tauentzien-
VHS-Kolleg
Inst. für Tropenmedizin
KaDeWe
Wittenbergpl.
Wittenberg-platz
Kleist-
An der Urania
Urania
Courbière-str.
Ahornstr.
Maienstr.
Lietzenburger Str.
Ranke-
Eislebener Str.
Lietzen-burger
Nürnberger
Passauer Str.
Bayreuther Str.
Keith-Str.
Kalckreuthstr.
Nollendorfpl.
Uhland-
Fasanen-pl.
Schaper-
Univ. der Künste
Berliner Festspiele
Meierottostr.
UdK
Gem.-hs.
Bundes-haus
Nürnbgr. Pl.
Fürther Str.
Kelheimer Str.
Ettaler Str.
Geisberg-
Fugger-
Klinik Hygiea
Sch.
Sport-halle
Motz-
Gossow-str.
Nollendorf-str.
Pariser Str.
Spichernstr.
Kulmbchr. Str.
Ansbacher
Lette-Verein
Viktoria-Luise-Platz
Winterfeldt-
Habsburger Str.
Regens-burger
Grainauer
Bamberger
Hohenzollern-damm
Hohenzollernpl.
Nachodstr.
Kita
Prager Str.
Luitpold-
Hohenstaufen-
Kunst-schule
Nicolsbgr. Pl.
Prager Pl.
Aschaffenbgr.
Lands-
Heilbronner
Münchener
Speyerer Str.
Traunstein-str.
Schwäbische
Lindauer
Eisenacher
Fran-
Kyffhäuserstr.
Psych. Tagesklinik
Trautenau-
Landhaus-
barossa-
Treucht-lgr. Str.
Barbarossa-
Barbarossa-Pl.
VHS
A.-Sal.-Park
Güntzel-
Güntzelstr.
Zum Hl.-Kreuz
Alten-pflegeheim
Tharandter Str.
Haberland-str.
Penz-bgr. Str.
Berchtes-gadener
Freisinger Str.
Pest.-Fröbel-Haus
Rosen-heimer
Westarp-str.
Bayerischer Pl.
P+R
Luther-
Eisenacher Str.
Berufsfachsch.
Grunewald-str.
Bayerischer Platz
Amts-Ger.
Theat.
Gothaer
Paulus-
Apost.-Paulus-
Turn-halle
Holsteinische
Nassauische
Schwed. Vikt.-K.
Berliner Str.
Prinzregenten-str.
Helmstedter
Bozener Str.
Innsbrucker
Salzbgr.
Apostel-
Wartbg.-Pl.
Senats-Fuhrpark
SCHÖNEB
Berliner
Badensche
Wart-
Sen. f. Just.
Nordstern-Pl.
Meininger Str.
Mehlitz-str.
Gerdauer Str.
Wilhelms-aue
Schoeler-park
Wirtschafts-Akad.
Am Mühlen-berg
Steinacher Str.
Rathaus
John-F.-Kennedy-Pl.
Belziger
Heinr.-Lassen-Park
Stadtbad
Jug.-mus.
Bücherei
Am Schoelerpark
Waghäuseler
Babelsberger
Meraner
v.-Stein-
Senat für Wirtschaft und Betriebe
St.-Norb.-K.
Sport-Pl.
Volks-park
Bundes-allee
Rathaus Schöneberg
Berufs-schule
Freiherr-
R.-Wilde-Park
Elsas-
Hewald-str.
Dominicus-
Dorf-K.
Hlg.-Kreuz-K.
Livländische
Durlacher
Apeldoorner Str.
Kufsteiner
Fritz-Elsas-
Nymphen-bgr.-Str.
Erfurter
Feurig-
SCH
Tübinger Str.
Prinzregenten-
Am Volksp.
H.-Rosenthal-Pl.
Deutschland-radio
Mettestr.
Heyl-
Voß-bg.-str.
Martin-Luther-
Kobgr. Str.
Haupt-
Fr.-Reuter-Str.
Kärntener
Gutzkow-str.
G.-Frey-tagstr.
Bundesplatz
Bundes-pl.
Wexstr.
Innsbrucker Pl.
Schöneberg
Detmolder Str.
Bruchsaler
Wex-
Bernhardstr.
Ebers-
Innsbrucker Platz
Bundesplatz
Varziner
100
16
17
248
104
204
106

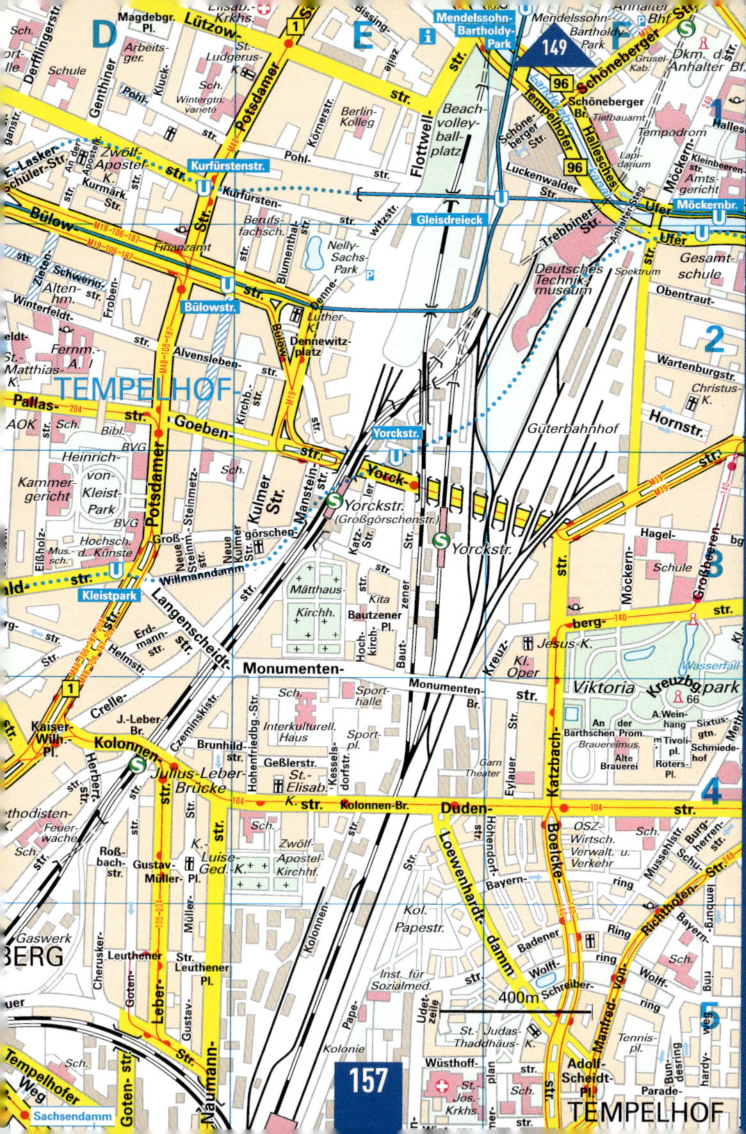
TEMPELHOF
Yorckstr.
Gleisdreieck
Mendelssohn-Bartholdy-Park
Kurfürstenstr.
Bülowstr.
Kleistpark
Möckernbr.
Deutsches Technikmuseum
Güterbahnhof
Viktoriapark
Kreuzberg
Monumenten-Br.
Kolonnen-Br.
Julius-Leber-Brücke
Dudenstr.
Potsdamer Str.
Yorckstr.
Goebenstr.
Bülowstr.
Katzbachstr.
Großbeerenstr.
Mehringdamm
Kolonnenstr.
Monumentenstr.
Sachsendamm
Tempelhofer Weg
Manfred-von-Richthofen-Str.
Schöneberger Str.
Tempelhofer Ufer
Hallesches Ufer
Landwehrkanal
Gesamtschule
Tempodrom
Heinrich-von-Kleist-Park
Kammergericht
Nelly-Sachs-Park
Dennewitzplatz
Bautzener Pl.
Matthäus-Kirchh.
400m

150
158
A
B
C
1
2
3
4
5
KREUZBERG
Stresemann-
Dreifaltigkeits-K.
St. Clemens-K.
Wilhelm-str.
Bessel-str.
Stadtentwickl. u. Umweltschutz
Waldorf-schule
St. Jacobi-K.
Moritz-pl.
Jerusalem u. Neue Kirche
Berlinische Galerie
Jugend-hotel
Am Berlinmus.
Berlin-museum
Jakob-
Franz-Künstler-Str.
Sport-platz
Sporthalle
Ritter-str.
Möckern-str.
Hedemann-
E.T.A.-Hoff-mann-Prom.
Rahel-Varn-hagen-Prom.
Hollmannstr.
Jüdisches Museum
Hallesche Str.
Ida-Wolff-Pl.
Th.-Wolff-Park
Sch.
Klühs-Str.
St. Agnes-K.
St. Simeon-K.
Wassertor-
Hebbel-theater
SPD
Franz-
Lindenstraße
Neuenburger
Bundes-zentral-register
Otto-Wels-Schule
Postbank
Alte
Patentamt
Moritzstr.
Lobeck-
Theater am Halleschen Ufer
F.-Stampfer-Str.
Mehring-platz
Brandes-str.
Möckernbr.
Hallesches Tor
Hallesches Ufer
Gitschiner Str.
Gitschiner
Prinzenstr.
Gesamt-schule
Tempelhofer Ufer
Waterloo Ufer
Theater am Ufer
Brachvogel-str.
Carl-Waterloo-Brücke
Sommerbad Kreuzberg
Böckler-
Jugend-zentrum
park
Ruhl-dorfer Str.
Blücher Pl.
Amerika-Gedenk-bibl.
Johanniter-
Carl-DRK
Herz-
Feuer-wache
Prinzen-
Urban-
Blücher-
Friedh. Jerusalem u. Neue Kirche
Finanzamt
Am Johanni-tisch
Wilms-
Kita
Ufer
Rathaus
Mehringdamm
Bez.-Amt Kreuzberg
96
Baruther
Urban-
Sch.
Geibel-str.
Krankenhs. Am Urban
Yorckstr.
M19
Fürbringer
Tempelherren-str.
Riemers Hofgarten
Gneisenau-
Kinder-heim
Sen. Hm.
Bildungs-zentrum
Ges.-Amt
Gneisenaustr.
walder
macher-
Sport-halle
bgr. Str.
Schule
Sen. Hm.
Riemannstr.
Zossener
Mitten-
Sch.
wald-
Fontane-Prom.
Freiligrath-str.
Katzbachberg-
Bergmann-
Nostitz-
Solms-
Passionsk.
Markthalle
Schleier-
Baer-
Süd-stern
Südstern
Körte-
Kl.-Park-str.
Am Tempelhofer Berg
Arndt-
Marheineke-pl.
Viktoria park
Chamisso-pl.
Willibald-Alexis-str.
Drei-faltigk.-Kirchh.
Friedr.-Werder-Kirchh.
Kirchh.-Jerusal.
St.-Johann-Basilik
Methfessel-
Wilhelms-höhe
Mehring-
Ko-pisch-str.
Fidicin-
Kloeden-str.
Heim-
Lilienthalstr.
Standes-amt
Diabetes Spezialklinik
Sen. Hm.
Theater
Kita
Jüterboger Str.
Schwiebusser Str.
Kfz. Zul. Lds.-Einw.-A.
Platz der Luftbrücke
Schuldenverw. Dt. Wetterdienst
Hauptzollamt Süd
Friesen-str.
Zöllichauer
Dudenstr.
Zollfahndungs-A.
Columbia-Halle
Polizei Direktion 5
Pl. der Luftbrücke
Columbia-damm
Goßener
Regen-becken
Columbiahs.
Lilienthalstr.
Tennis-halle
184
Columbia-
Damm
korso
LKA
Landespolizeipräsidium
Polizeihistorische Sammlung
Islamisch Friedho
ring
Kaiser-
Fundbüro
Garnison-friedhof
Tempelhofer
weg
Paradestr.
Ehemaliger Zentralflughafen Berlin-Tempelhof

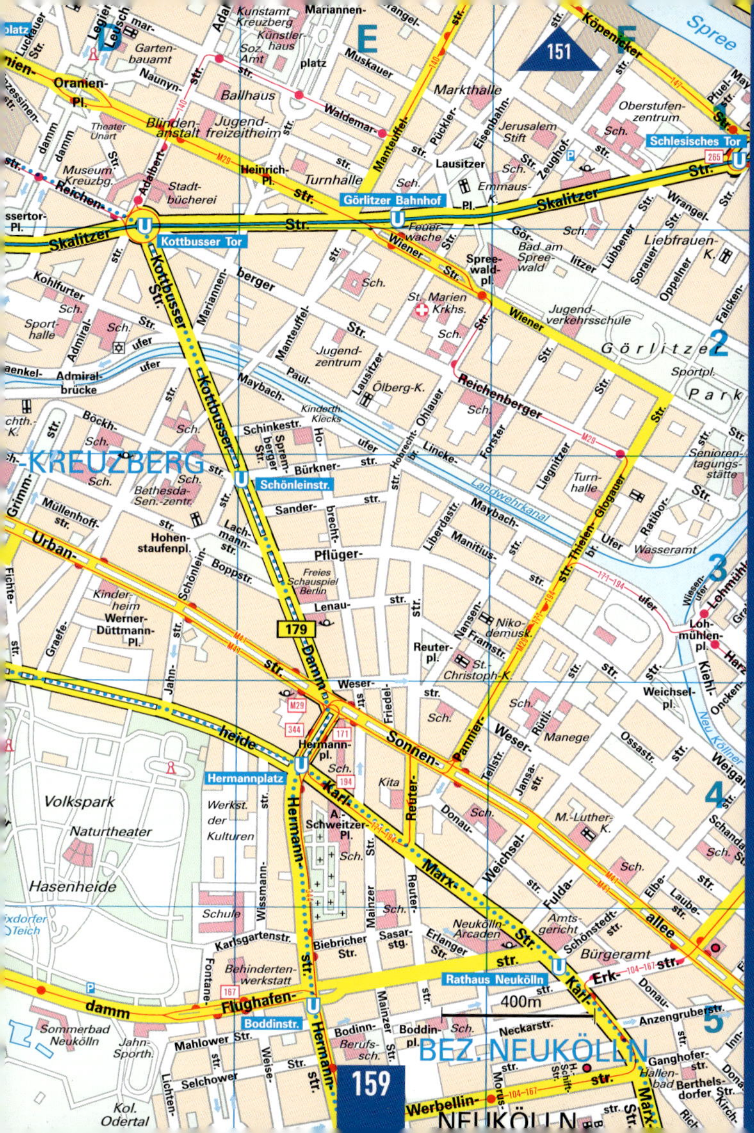

151
159
179
KREUZBERG
BEZ. NEUKÖLLN
Görlitzer Park
Volkspark Hasenheide
Kottbusser Tor
Görlitzer Bahnhof
Schlesisches Tor
Schönleinstr.
Hermannplatz
Rathaus Neukölln
Boddinstr.
Skalitzer Str.
Kottbusser Damm
Urbanstr.
Hasenheide
Sonnenallee
Karl-Marx-Str.
Hermannstr.
Flughafenstr.
Wiener Str.
Reichenberger Str.
Landwehrkanal
Maybachufer
Paul-Lincke-Ufer
Oranienpl.
Heinrich-Pl.
Hermannpl.
Reuterpl.
Weichselpl.
Lohmühlenpl.
Spree
400m

Kremmen
Linum
Dechtow
Linumer Bruch
Flatow
Staffelde
Schwante
Ober-
Groß Ziethen
Vehlefanz
Kuhhorst
Königshorst
5 km
Tietzow
Kremmen
Dreieck Havelland
Oberkrämer
Draisinenbetrieb
Germendorf
Leegebruch
Bärenklau
ORANIENBURG
Nikolauskirche
Schloss
TURM-E.
Lehnitz
Kreuz Oranienburg
Eichstädt
Kalsruh
Velten
Birkenwerder
Hohen Neuendorf
Hennigsdorf
Ländchen
krämer
Wolfslake
Eberschenhof
Börnicke
Grünefeld
Wolfslake
Glien
Perwenitz
Kienberg
Hertefeld
Bergerdamm
Paaren im Glien
-Glien
Pausin
Bötzow
Marwitz
Dt. Tonstr.
Stolpe
Stolper Heide
FROHNAU
Stolpe-Süd
HERMSDORF
Am Weinberg
Schönwalde-
Wansdorf
Hennigsdorf
Schönwalde Dorf
Havelkanal
Falkensee
Lietzow
Berge
Nauen
Neukammer
Deutsche Alleenstraße
Markee
Bredow
Brieselang
Schönwalde
FALKENSEE
KONRADSHÖHE
HEILIGENSEE
Schulzendf. Str.
Schl. Tegel
Tegeler See
Holzhauser Str.
TEGELORT
Flughafen Berlin-Tegel
Saatwinkler D.
Flughafen Tegel
Heckerdamm
Dr. Charlottenbg.
Siemensdamm
Spandauer D.
Zitadelle
SPANDAU
Schwanebeck
Zeestow
Brieselang
Finkenkrug
Seegefeld
Wernitz
Neugarten
Wustermark
Berlin Spandau
Neurohrbeck
Elstal
Dallgow-
Döberitz
Niebede
Tremmen
Hoppenrade
Havelkanal
Berlin-Spandau
STAAKEN
CHARLOTTENBURG
Olympia-stadion
Etzin
Buchow-Karpzow
Priort
Seeburg
Neu Falkenrehde
Falkenrehde
Kartzow
Finken-B.
GATOW
Dr. Funkturm
Grunewald
Zachow
Ketzin
Paretz
-Paaren
Potsdam-Nord
Uetz-
Satzkorn
Fahrland
Groß Glienicke
Luftwaffenmus.
Hüttenweg
Jagdschl. Gr.
Museum Dahlem
Schmergow
Sacrow-
Marquardt
Paretzer Kanal
Neu Fahrland
KLADOW
Grunewald
Großer Wannsee
Spanische Allee
ZEHLENDORF
Bota. Gart.
Krielow
Töplitz
Leest
Leest
Nedlitz
Sacrow
Grube
BORNIM
BORNSTEDT
Cecilienhof
WANNSEE
Museumsdorf Düppel
Phöben
Kemnitz
Schloss Sanssouci
Schloss Glienicke
Zehlendorf
Kleinmachnow
Derwitz
Phöben
Gr. Zernsee
Golm
Eiche
Neues Palais
BABELSBERG
ehem. Rathaus
Klein-Machnow
Teltowkanal
Teltow
Stahnsdorf
Groß Kreuz
Plessow
Wildpark West
Filmpark Babelsberg
Bochow
Neu-plötzin
Werder (Havel)
POTSDAM
Ruhlsdorf
Göhlsdorf
Glindow
Geltow
Kl.-Ravens-B.
Drewitz
Babelsberg
Güterfelde
Plötzin
Glindow-see
Templiner See
Bergholz-Rehbrücke
P-Drewitz
Petzow
Caputh
Schenkenhorst
Dreieck Werder
Bliesendorf
Nuthe
Philippsthal
Sputendorf
Schwielowsee
Wilhelmshorst
Nuthe
tal
Saarmund
Nudow
Ludwigsfelde
Colpiner See
Schwielowsee
Krähen-B.
Langerwisch
Saarmund
Ahrensdorf
Glindow
Michendorf
Ludwigsfelde-Ost
Ferch
Ferch
Fahlhorst
Dreieck Nuthetal
Ludwigsfelde-West
Gröben

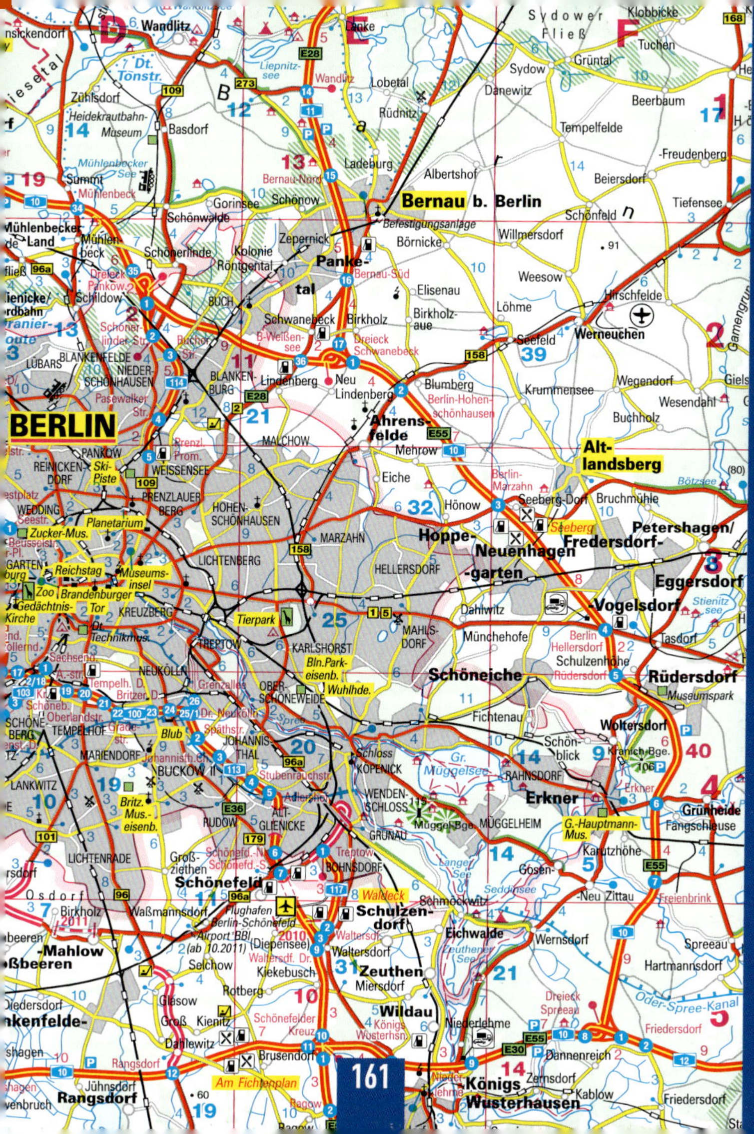

Wandlitz
Lanke
Sydower Fließ
Klobbicke
Tuchen
Dt. Tönstr.
Liepnitzsee
Zühlsdorf
Lobetal
Sydow
Grüntal
Danewitz
Heidekrautbahn-Museum
Basdorf
Rüdnitz
Beerbaum
Tempelfelde
Mühlenbecker See
Summt
Mühlenbeck
Ladeburg
Freudenberg
Albertshof
Beiersdorf
Bernau-Nord
Schönow
Gorinsee
Schönwalde
Bernau b. Berlin
Befestigungsanlage
Schönfeld
Tiefensee
Mühlenbecker Land
Zepernick
Börnicke
Willmersdorf
Schönerlinde
Kolonie Röntgental
Panketal
Bernau-Süd
Weesow
Dreieck Pankow
Elisenau
Hirschfelde
Schildow
BUCH
Birkholz
Birkholzaue
Löhme
Werneuchen
Schwanebeck
Dreieck Schwanebeck
B-Weißensee
Seefeld
LÜBARS
BLANKENFELDE
NIEDER-SCHÖNHAUSEN
Bucher Str.
BLANKENBURG
Lindenberg
Neu Lindenberg
Blumberg
Berlin-Hohenschönhausen
Krummensee
Wegendorf
Wesendahl
Pasewalker Str.
Buchholz
BERLIN
Ahrensfelde
MALCHOW
Mehrow
Altlandsberg
PANKOW
REINICKENDORF
Ski-Piste
WEISSENSEE
Prenzl. Prom.
Eiche
Berlin-Marzahn
Bötzsee
Seeberg-Dorf
Bruchmühle
WEDDING
PRENZLAUER BERG
Planetarium
HOHENSCHÖNHAUSEN
Hönow
Seeberg
Petershagen/Fredersdorf-
Zucker-Mus.
MARZAHN
Hoppegarten
Neuenhagen
Reichstag
Museumsinsel
LICHTENBERG
HELLERSDORF
Eggersdorf
Zoo
Brandenburger Tor
Gedächtnis-Kirche
KREUZBERG
Tierpark
Dahlwitz
Vogelsdorf
Stienitzsee
Dt. Technikmus.
MAHLSDORF
Münchehofe
Berlin Hellersdorf
Tasdorf
TREPTOW
KARLSHORST
Schulzenhöhe
Sachsendamm
Bln.Park-eisenb.
Schöneiche
Rüdersdorf
NEUKÖLLN
Tempelh. D.
Grenzallee
OBER-SCHÖNEWEIDE
Wuhlhde.
Museumspark
Britzer D.
Schöneb.
Oberlandstr.
Dr. Neukölln
Spree
Fichtenau
Woltersdorf
SCHÖNEBERG
TEMPELHOF
Gradestr.
Blub
Späthstr.
JOHANNISTHAL
Schloss KÖPENICK
Schönblick
Kranich-Bge.
MARIENDORF
Johannisth.Ch.
Gr. Müggelsee
RAHNSDORF
Erkner
BUCKOW
Stubenrauchstr.
Adlershof
WENDENSCHLOSS
Grünheide
LANKWITZ
Britz. Mus.-eisenb.
RUDOW
ALT-GLIENICKE
Müggelbge.
MÜGGELHEIM
G.-Hauptmann-Mus.
Fangschleuse
GRÜNAU
Karutzhöhe
LICHTENRADE
Groß-Ziethen
Schönefd.-N.
Schönefd.-S.
Treptow
BOHNSDORF
Langer See
Gosen
Schönefeld
Waldeck
Seddinsee
Schmöckwitz
Neu Zittau
Freienbrink
Osdorf
Birkholz
Waßmannsdorf
Flughafen Berlin-Schönefeld
Schulzendorf
Eichwalde
Wernsdorf
Airport BBI (ab 10.2011)
Diepensee
Waltersdorf
Spreeau
Mahlow
Großbeeren
Selchow
Waltersdf. Dr.
Zeuthen
Zeuthener See
Hartmannsdorf
Kiekebusch
Miersdorf
Oder-Spree-Kanal
Glasow
Rotberg
Dreieck Spreeau
Wildau
Groß Kienitz
Schönefelder Kreuz
Königs Wusterhsn.
Niederlehme
Friedersdorf
Dahlewitz
Brusendorf
Dannenreich
Rangsdorf
Am Fichtenplan
Nieder-lehme
Königs Wusterhausen
Zernsdorf
Kablow
Jühnsdorf
Rangsdorf
Ragow

Das Register enthält eine Auswahl der im Cityatlas dargestellten Straßen und Plätze

> **www.marcopolo.de/berlin**

STRASSENREGISTER

REGISTER

Im Register finden Sie alle in diesem Reiseführer beschriebenen Sehenswürdigkeiten, Museen und Ausflugsziele sowie die Namen wichtiger Personen. Halbfette Seitenzahlen verweisen auf den Haupteintrag.

REGISTER

SCHREIBEN SIE UNS!

> Liebe Leserin, lieber Leser,

wir setzen alles daran, Ihnen möglichst aktuelle Informationen mit auf die Reise zu geben. Dennoch schleichen sich manchmal Fehler ein – trotz gründlicher Recherche unserer Autoren/innen. Sie haben sicherlich Verständnis, dass der Verlag dafür keine Haftung übernehmen kann.

Wir freuen uns aber, wenn Sie uns schreiben.

Senden Sie Ihre Post an die MARCO POLO Redaktion, MAIRDUMONT, Postfach 31 51, 73751 Ostfildern, info@marcopolo.de

IMPRESSUM

Titelbild (von li. nach re.): Getty/B. Sporrer, Getty/J. Stumpe, Denis Pernath, Getty/Creative Studio Heinemann
DerKlopp (S. 1, 8, 21, 26, 29, 35, 38, 47, 57, 61, 67, 73, 78, 86, 93, 98, 109, 114); Welf Helm (S. 51); nextbike (S. 14); Bernd Schönberger (S. 128); René Staebler (S. 123); Tentstation GbR (S. 102).

1. Auflage 2010

Konzept / Chefredaktion: Michaela Lienemann
Autorin: Christine Berger
Gesamtredaktionelle Betreuung: Pionierberlin
Projektbetreuung: Silwen Randebrock
Kartografie Cityatlas: © MAIRDUMONT, Ostfildern
Innengestaltung / Icons: Katharina Kracker; Titel: fpm factor product münchen
Satz und Repro: incube, Berlin

Printed in Germany. Gedruckt auf 100% chlorfrei gebleichtem Papier

48 h

> Spaß haben und jede Menge sparen! Wir haben Ihnen zwei erlebnisreiche Tage aus dem Band zusammen- und vergleichbaren, „normalen" Aktivitäten gegenübergestellt

SA Kaufen Sie sich am besten eine Tageskarte für Bus und Bahn und steuern Sie zunächst das Dokumentationszentrum Berliner Mauer *(S. 22)* an mit original erhaltenen Grenzanlagen mit Wachturm und Minengürtel. Auf zum Alexanderplatz! Von der Panoramaterrasse des Park Inn Hotels *(S. 41)* gegenüber vom viel teureren Fernsehturm haben Sie eine prima Sicht auf die Stadtmitte. Hunger? Im Casino Berliner Ensemble *(S. 58)* können Sie gut und günstig Mittag essen. Toll für Fußballfans: Schauen Sie den Profis von Hertha-BSC *(S. 39)* beim Training zu. Keine Lust auf Fußball? 15 Minuten Massage in der Relax Zone *(S. 43)* kosten nur 15 Euro! Fußballgucker und Spa-Besucher treffen sich am Abend auf einen leckeren Cocktail in der Firebar *(S. 86)*. Prima Pizza gibt es danach am Rosenthaler Platz bei La Pausa *(S. 126)*. Bei einem Besuch im Kaffee Burger *(S. 89)* in der Torstraße kommen Sie danach bei der Russendisko in Fahrt. Im Morgengrauen schlummern Sie gut im Hostel Pfefferbett *(S. 110)* ein.

SO Nach einem Schnäppchen-Brunch im Cum Laude *(S. 62)* ist es Zeit für Kultur, also raus mit der U-Bahn (Tagesticket!) nach Hellersdorf zur Museumswohnung *(S. 33)* im Plattenbau. Dort können Sie eine typische DDR-Wohnung mit originalen Möbeln besichtigen. Fahren Sie mit dem Bus weiter zum Erholungspark Marzahn und staunen Sie über die exotischen Gärten der Welt *(S. 43)* mit Chinesischem Teehaus, japanischen Gartenanlagen und balinesischer Exotik. Zurück in die Innenstadt fahren Sie am besten mit der Straßenbahn M 8 durch die endlos erscheinenden Häuserschluchten von Marzahn, Europas größtem Plattenbauviertel. Vor dem Heimweg muss noch eine Currywurst sein? Mit der U 6 sind sie ganz schnell bei der Kreuzberger Imbissbude Curry 36 *(S. 56)*. Viel Spaß!

LOW BUDGET WEEKEND

	LOW BUDGET		REGULÄR
SA			
BVV-Tagesticket	6,10 €	5 BVV-Einzelfahrten	10,50€
Dokumentationszentrum Berliner Mauer	0,00 €	Checkpoint-Charlie-Museum	12,50€
Panoramaterasse im Park Inn Hotel	3,00 €	Fernsehturm	10,50 €
Lunch im Casino Berliner Ensemble	4,00 €	Lunch im Restaurant	9,00 €
Zuschauen beim Hertha-Training	0,00 €	Bundesligaspiel	49,00 €
Relax Zone-Massage (15 Min.)	15,00 €	Massage im Spa (15 Min.)	25,00 €
Cocktail in der Firebar	4,50 €	Cocktail in der Hotelbar	8,50 €
Pizza am Rosenthaler Platz	3,80 €	Pizza im Restaurant	8,50 €
Russendisko im Kaffee Burger	5,00 €	Eintritt im Club	12,00 €
Pfefferbett Hostel	20,00 €	Hotel (ohne Frühstück)	40,00 €
SO			
Brunch im Restaurant Cum Laude	8,90 €	Brunch im Restaurant	12,00 €
BVV-Tagesticket	6,10 €	4 BVV-Einzelfahrten	8,40€
Museumswohnung Hellersdorf	0,00 €	DDR-Museum	5,50 €
Gärten der Welt	3,00 €	Zoologischer Garten	12,00 €
Currywurst bei Curry 36	1,50 €	Currywurst im Restaurant	6,00 €
GESAMT	**80,90€**	**GESAMT**	**229,40€**

> GESPART 148,50€

48 h

> Zwei Tage im Luxus schwelgen und dabei ordentlich sparen. Mit 48h Luxus Low Budget im Vergleich zu den regulären Preisen von Highclass Hotels und Co.

SA Buchen Sie ein Musical-Arrangement, z. B. We will rock you im Theater des Westens, im Traditionshotel Bristol Hotel Kempinski *(S. 118)* und genießen Sie nach der Ankunft einen Bummel über den Ku'damm mit seinen vielen Edelboutiquen. Wie wäre es anschließend mit einem leckeren Hummeressen im KaDeWe *(S. 69)*? Staunen Sie, was Deutschlands größtes Kaufhaus bereithält. Vielleicht finden Sie das eine oder andere Schnäppchen. Wenn nicht, halten Sie einfach ein Taxi an, fahren mit dem Kurzstreckentarif *(S. 15)* Richtung Westen und steigen Sie an der Bleibtreustraße aus. In der Nähe gibt es mit Ariane, Madonna *(S. 82)* und Zweites Fenster *(S. 83)* gleich drei Secondhand-Boutiquen mit Markenmode von Boss, Jil Sander und Co für vergleichsweise wenig Geld. Entspannen Sie sich anschließend im Spa Ihres Hotels. Langsam wird es Zeit für den Muscialbesuch, der in ihrem Hotelpreis bereits enthalten ist. Zu Fuß sind sie in ca. sieben Minuten beim historischen Theater des Westens, wo Sie eine schrille Show um eine Rock-Queen bestens bei Laune hält.

SO Nach dem exklusiven Brunch im Hotel, das im Preis enthalten ist, fahren Sie mit dem Bus 100 *(S. 44)* zum Brandenburger Tor. Dort beginnt um 11 Uhr die New Berlin Gratistour *(S. 46)*, eine Stadtführung vorbei am Potsdamer Platz, Unter den Linden und Gendarmenmarkt, für die Sie hinterher nur bezahlen müssen, was es Ihnen wert war. Stärken Sie sich am Gendarmenmarkt mit einem Lunch im Fischers Fritz *(S. 68)*, Berlins einzigem Restaurant mit zwei Michelinsternen. Wie wäre es am späteren Nachmittag mit einem Konzert in der Hanns-Eisler-Musikhochschule *(S. 25)*? Hier geben Musikstudenten auf hohem Niveau kostenlos Ihr Bestes. Ihre Koffer sind noch im Hotel? Der Bus 100 bringt Sie zügig zurück.

LOW BUDGET
LUXUS WEEKEND

	LOW BUDGET		REGULÄR	
SA				
	Kempinski-Musical-arrangement	173,00 €	5-Sterne-Hotelübernachtung	120,00€
	Hummer im KaDeWe	25,00 €	Hummer im Gourmetrestaurant	45,00€
	Spezieller Kurzstreckentarif Taxi	4,00 €	Taxi regulär	7,00€
	Kauf eines Boss-Mantels in Luxus-Second-Hand-Boutique	150,00 €	Kauf eines neuen Boss-Mantels	450,00€
	Musicalbesuch We will rock you	0,00 €	Musicalbesuch We will rock you	91,00€
SO				
	Brunch im Hotel Kempinski (im Hotel-Arrangment enthalten)	0,00 €	Brunch im Hotel	20,00€
	1 Tagesticket	6,10 €	3 BVG-Einzeltickets	6,30€
	Stadtführung New Berlin Gratistour	10,00 €	Reguläre Stadtführung	17,00€
	2-Gänge-Lunch im Gourmet-restaurant Fischers Fritz	28,00 €	2-Gänge-Lunch im Gourmetrestaurant	50,00 €
	Konzert Hanns Eisler Musikhochschule	0,00 €	Konzerthaus Berlin	35,00€
	GESAMT	**454,10€**	**GESAMT**	**899,10€**

> GESPART 445,00€

S U Liniennetz *Routemap* B

Tarifbereich Berlin *Fare zone* A B C   A B Bahnhöfe in Berlin *Stations in Be*

S1 S1 Wannsee ↔ Oranienburg
S2 S2 Blankenfelde ↔ Bernau
S25 S25 Teltow Stadt ↔ Hennigsdorf
S3 Erkner ↔ Spandau
S3 Erkner ↔ Ostkreuz
S41 S41 *Ring im Uhrzeigersinn*
S42 S42 *Ring gegen Uhrzeigersinn*

S45 Flughafen Berlin-Schönefeld ↔ Südkreuz (↔ Bundesplatz) (nur Mo-Fr) *(only Mon-Fri)*
S46 Königs Wusterhausen ↔ Westend
S46 Königs Wusterhausen ↔ Südkreuz
S47 Spindlersfeld ↔ Hermannstr. (↔ Südkreuz)
S47 Spindlersfeld ↔ Schöneweide
S5 Strausberg Nord ↔ Westkreuz
S5 Strausberg Nord ↔ Potsdam Hbf

S7 Ahrensfelde ↔ Potsdam Hbf
S7 Ahrensfelde ↔ Lichtenberg
S75 S75 Wartenberg ↔ Spandau
S8 S8 (Zeuthen ↔) Grünau ↔ Hohen Neuendorf
Grünau ↔ Pankow (↔ Hohen Neuendorf)
S85 (Grünau ↔) Schöneweide ↔ Waidmannslust (nur Mo-Fr) *(only Mon-Fri)*
S9 Flughafen Berlin-Schönefeld ↔ Blankenburg
S9 Flughafen Berlin-Schönefeld ↔ Treptower Park

U1 U1 Warschauer Straße
U2 U2 Pankow ↔ Ruhle
U3 U3 Nollendorfplatz
U4 Nollendorfplatz
U5 U5 Hönow ↔ Alexar